如何让你爱的人更爱你

马新中 ◎ 编著

中国纺织出版社有限公司

内 容 提 要

婚恋问题是每个女性一生中不得不面对的问题，有人说，爱情更像是一个人梦中的呓语，充满了激情，充满了非理性的狂热。事实上，绝对完美的恋人和爱情是不存在的，女人在爱情面前更容易感性化，抱着不切实际的爱情幻想。

爱情，不仅仅是一种爱，还是一种学问。本书就是一本针对广大女性的爱情哲学书，它犹如一位长者，将拥有毕生幸福爱情和婚姻的秘诀传授给广大女性，让广大女性在婚恋中少走弯路，进而收获美满爱情和婚姻！

图书在版编目（CIP）数据

如何让你爱的人更爱你/马新中编著. --北京：中国纺织出版社有限公司，2022.6
ISBN 978-7-5180-9514-8

Ⅰ.①如… Ⅱ.①马… Ⅲ.①女性—婚姻—通俗读物 ②女性—恋爱—通俗读物 Ⅳ.①C913.1-49

中国版本图书馆CIP数据核字（2022）第069035号

责任编辑：刘桐妍　　责任校对：高　涵　　责任印制：储志伟

中国纺织出版社有限公司出版发行
地址：北京市朝阳区百子湾东里A407号楼　邮政编码：100124
销售电话：010—67004422　传真：010—87155801
http://www.c-textilep.com
中国纺织出版社天猫旗舰店
官方微博 http://weibo.com/2119887771
三河市宏盛印务有限公司印刷　各地新华书店经销
2022年6月第1版第1次印刷
开本：880×1230　1/32　印张：7.5
字数：129千字　定价：56.00元

凡购本书，如有缺页、倒页、脱页，由本社图书营销中心调换

前言

爱情应该是一种很美妙的东西，因此才会得到那么多的人不断地追求与向往。爱情也应该是人世间最美好的一种情感，所以才会让人品味到一种难以言明的幸福。爱情应该有超强的磁力，所以人们不惜耗尽一生的精力去追求那种至纯至美的爱情。

从古至今，爱情被那些文人墨客浅唱低吟得美妙绝伦。行走之间，见惯了那些痛彻心扉，刻入骨髓的情爱。不知是哪一位哲人发出了一声慨叹："女孩，在爱情面前就变成一个智障患者。"当面对来临的爱情时，女孩却总是晕头转向。但女孩一定要明白，光有爱还不够，爱情还需要你悉心的呵护、付出与经营，不懂得付出爱的女性，同样收获不到爱。

在爱情里付出的第一步，就是需要女人们认清一个现实：完美的恋人、完美的婚姻是不存在的，这一点似乎打破了女孩对爱情美好的幻想，因为大部分女人都渴望完美的爱情，希望通过一段完美的恋情最后携手走进婚姻的殿堂，和自己的挚爱一起看着夕阳结束一生，这样的幸福的确十全十美，但是生活毕竟是现实的，很难有那么多的完美等待你，所以当一个女孩把自己的幸福标准定得过高而又不能实现时，往往会遭遇挫折和失望。因此在追求幸福时不妨实际一些。

可能在中国传统女性的观念里，女孩就应该是被呵护的对象，她们都希望找到一个疼爱自己、呵护自己的另一半。开心时陪她笑，不开心时逗她笑；想哭时让她哭，懂得安慰她并且给她一个宽厚的肩膀让她依靠；需要的时候可以随时出现在她身边陪伴她……但人们忽视了一点，想要感情长久，只靠单方面的付出和努力是远远不够的，感情是相互的。爱一个人不是看他能给你多少，而是看他是不是有多少就给多少！因为爱情本来就是不相等的、不公平的、甜蜜的、痛苦的。然而，相爱容易相守难，很多时候，女孩在恋爱中越爱越觉得痛苦，在婚姻当中，越爱越觉得煎熬，于是很多人感叹：人生若只是初见。事实上，不是爱情越爱越坏，而是女人不懂得经营爱情，不懂得给爱情保鲜，慢慢失去了爱。这对于女人来说，比失去了她们的生命还要痛苦。那么，女孩究竟如何让爱的味道越来越醇厚呢？

  本书就是专注这一问题，针对生活中广大女性在婚恋中的苦恼，运用平实朴素的语言，给出了中肯的建议，希望广大女性能从中获取一些有用的婚恋知识，并收获幸福甜蜜的婚姻。

编著者

2022年3月

目录

第01章　男人来自金星，女人来自火星　‖001

　　男人和女人天生不一样　‖002

　　好男人的标准是什么　‖005

　　男人都是好面子的　‖008

　　男人的内心都暗藏狩猎心态　‖011

　　太容易得到的感情，反而很廉价　‖014

　　善于伪装，是男人在情感世界中的通病　‖017

　　女人需要在男人面前时而聪明时而笨拙　‖021

第02章　没有完美的人，也不会有完美的恋人　‖027

　　擦亮双眼，在爱情面前要保持理智　‖028

　　男人就像股票，选男人就要选择潜力股　‖031

　　日久见人心，给彼此一点时间了解　‖034

　　把握细节，帮助你真正了解男人　‖037

　　识破"骗子男"，别被所谓的爱冲昏头脑　‖041

　　花心的男人有哪些特点　‖044

第03章　等待美好降临，爱情不能将就　‖ 049

　　　　耐得住寂寞，别因寂寞而恋爱　‖ 050

　　　　绝不将就，真爱值得你去等待　‖ 054

　　　　懂得珍惜的爱情才会更加长久　‖ 057

　　　　爱情，要经得起平淡的流年　‖ 061

　　　　爱情，是一种缘分　‖ 064

　　　　志同道合，婚姻才能稳定幸福　‖ 067

第04章　了解彼此的情感诉求，才能让爱更如意　‖ 071

　　　　拒绝敏感，爱情里需要点迷糊　‖ 072

　　　　多与爱人沟通，读懂对方的情感诉求　‖ 074

　　　　从肢体语言解读爱人心思　‖ 077

　　　　两性关系中，高情商才能圆满处理各种问题　‖ 079

　　　　没有成熟的心智，根本无法经营出幸福的婚姻　‖ 082

第05章　可以为爱付出，但绝不为爱迷失　‖ 087

　　　　无论如何，不要把对方看作生活的全部　‖ 088

　　　　为爱付出，你才能收获幸福　‖ 091

　　　　为了所爱的人，我们都要好好地生活　‖ 095

遭遇背叛，也要心怀希望和勇气 ‖ 097

女人在婚姻里不要依靠男人 ‖ 099

靠自己的双手创造幸福 ‖ 103

第06章　感情需要经营，生活需要调剂 ‖ 109

彼此尊重、欣赏与共同进步，才能让爱情保鲜 ‖ 110

偶尔顽皮，会激起男人的保护欲 ‖ 112

偶尔撒撒娇，让你更有女人味 ‖ 115

做他的倾听者，感受和体谅他的烦恼 ‖ 119

给他鼓励，让他重振旗鼓 ‖ 121

第07章　爱情中总有悲伤，学会让自己开心起来 ‖ 125

坏情绪来临，学会用正确的方式宣泄 ‖ 126

知足常乐，女人不要总是羡慕别人的幸福 ‖ 130

与其悔恨，不如当下就控制情绪 ‖ 133

放下无谓的执着，也许你能换一种生活 ‖ 137

往事如烟，不必纠缠 ‖ 141

既然没有缘分，不如笑着放手 ‖ 144

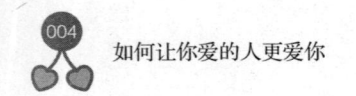

第08章　让感情不断升温的秘诀，是保持有效的沟通　‖149

　　说点甜言蜜语，让感情甜甜蜜蜜　‖150
　　家庭矛盾，需要高情商来化解　‖153
　　不要急于争执，妻子不妨换个表达方式　‖156
　　偶尔"斗斗嘴"，其实是恋人间的情趣　‖160
　　巧妙"积极暗示"，让男人变得更优秀　‖162

第09章　对方不完美，所以需要你的善解人意　‖169

　　女人不一定细致入微，但一定要善解人意　‖170
　　男女有差异，女人要理解男人的思维方式　‖173
　　女人要善于站在对方的角度上思考问题　‖176
　　人无完人，婉转指出男人的缺点　‖180
　　男人脆弱时，给他一点安慰和鼓励　‖183

第10章　婚姻当中，做好自己也很重要　‖187

　　坚持成为最好的自己，爱情终会找到你　‖188
　　无论何时，女人都不要放弃保养自己　‖191
　　再美好的婚姻，也要学会保留自我　‖194
　　少点依赖，女人在婚姻里要脱离心理上的安乐窝　‖198

爱得再深，也别毫无保留地付出 ‖ 201

女人不要把爱情当成人生的全部 ‖ 203

第11章　多点宽容，爱才有更多呼吸的自由 ‖ 207

多点包容，没有任何婚姻天生就美好 ‖ 208

爱虽然纯粹，但容不得斤斤计较 ‖ 211

女人，更是难得糊涂才能幸福长久 ‖ 213

女人多点担待，婚姻才会自由轻松 ‖ 217

适时让步，婚姻中不必剑拔弩张 ‖ 219

包容男人的脾气，做一个善解人意的好妻子 ‖ 222

保持距离，感情里需要营造新鲜感 ‖ 226

参考文献 ‖ 229

第01章

男人来自金星，女人来自火星

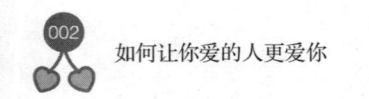

男人和女人天生不一样

曾经有位名人说，爱情是两个人的利己主义。的确，两个原本陌生的人彼此相识、相知、相恋，在爱情达到鼎盛时期时，他们甚至堪比一个人，彼此毫无嫌隙，心心相印。对于爱情，从未有人感到厌倦，即使到了迟暮夕阳，人们也依然为爱情痴迷沉醉，由此可见爱情的独特魅力。然而，与爱人相处却并非一件容易的事情，不管是现实生活中还是影视剧中，我们都经常看到心爱的人因为爱之深，也往往责之切。越是相爱的人仿佛越是难以和谐共处，总是不停地发生纷争矛盾。这种现象叫作刺猬原理：假设两只刺猬在一起相互依偎着取暖，那么离得近了，它们难免会被对方身上的刺扎伤。离得远了，又因为寒冷而瑟瑟发抖。其实爱人之间的关系也是如此，离得近了，就会因为过于亲近而矛盾不断，离得远了又迫切想要亲近彼此。所以很多人都意识到，即使再相爱，也依然需要与对方保持距离，唯有如此，爱情才会成为有情人的天堂。

不可否认，男人和女人在生理上和心理上都是存在巨大差别的，这也直接导致男人和女人相处时总是困难重重。很多情况下，男人和女人根本不在一个频道上，这也给交流带来了巨大的障碍。既然认识到这一点，不管是男人还是女人，都应该处处留心，以高情商尽量理解和体谅对方，也不要对对方过于吹毛求疵。这样，两性之间的交往才会更加顺利。总而言之，爱是男人和女人在一起的原动力，但是宽容、理解、信任和体贴，才是男人和女人相处的保障。

很久以前，麦克和娜娜是非常甜蜜的一对恋人。然而自从他们在爱情的驱使下走入婚姻殿堂之后，他们就开始矛盾不断，渐渐疏远，最终甚至变得像是仇人一样。难道婚姻真的是爱情的坟墓，而不是爱情的延续和升华吗？对此，娜娜很困惑。

无奈的她感到非常苦恼，因而特意找心理咨询师求助。她向心理咨询师倾诉："其实我不知道麦克是怎么了，自从结婚之后，他就像变了一个人一样。以前我说什么他就是什么，现在他却总是对我的话充耳不闻。"咨询师笑了，说："爱情和婚姻是两种完全不同的模式，每个最初走入婚姻殿堂的人都需要好好适应。"娜娜继续说："我们最近的一次争吵，实际上完全不是重大问题。我新买了件衣服，商场打折的时候买的，当我兴致勃勃地穿给他看时，他却不以为然地说'不错不错，真的便宜吗？'他甚至连头都没抬起来。这句话是什么意思呢，嫌弃我乱花钱了吗，还是对我的美丽再也视而不见，这都是我无法忍受的。有的时候，他宁愿对着冷冰冰的电脑，也不愿意多和我说一句话。我受够了这样的日子，没有任何爱情的气息。"咨询师温柔地看着娜娜，说："我也是女人，我完全理解你的感受，我知道你感觉被冷落和漠视，这一定与你曾经感受到的爱情大相径庭。"娜娜重重地点头，咨询师说："其实男人和女人的性格以及行为模式、心理都是有很大不同的。他觉得既然把你娶回家，你已经成为他的妻子，他也就无需战战兢兢、如履薄冰地讨好你了。但是你呢，恰恰对婚姻有着无限的憧憬，因而导致心理落差巨大。实际上这并不意味着男人不再爱你，而是他换了一种方式爱你，你也要学会习惯。"咨询师的话让娜娜茅塞顿开，细细想来，其实麦克还是非常爱她的，她默默想道：也许我真的要学会适应婚姻生活和我全新的丈夫。

在这个事例中，娜娜和麦克对于爱情的理解，对于婚姻的延续，有着完全不同的理解。正是因为心理上的不同，才使得他们对于婚姻的经营表现出了不同的模式。显而易见，仅仅让麦克妥协和改变是不可能的，娜娜在控诉麦克的同时，也应该反省自身，从而与麦克一起努力，达到和谐融洽，这才是最重要的。

既然男人和女人对于爱情有着截然不同的理解，那么不管是男人还是女人，都应该多多关注自己的爱人，这样才能更加了解异性的心理，从而为更好地与爱人相处铺垫基础，创造便利的条件。归根结底，一个人能在人生之中邂逅爱情也并非容易的事情，我们要怀着珍惜的态度对待爱人，珍视爱情，渐渐成为爱情的专家，让我们的爱情开出绚烂之花。

好男人的标准是什么

对于什么样的男人是好男人,每个女人心目中都有自己的标准。对于好男人的标准,每个人都有属于自己的定义,从某种意义上来说,这和女人的人生观、价值观和世界观是紧密联系的。崇尚爱情的女人往往不注重物质方面的需求,她们更渴望得到的是怦然心动的感觉和轰轰烈烈的感情。相反,崇尚物质享受的女人往往把注意力集中在男人的经济能力上,她们希望自己能够找到一个钻石王老五,为自己提供衣食无忧的生活和奢华的物质享受。注重人品的女人在寻找人生伴侣的时候,首先会对对方提出品质方面的要求,如要诚实守信、要孝敬父母、要有责任感等。注重精神享受的女人渴望与自己的爱人进行心与心的沟通,她们情调高雅,希望男人能够与自己一起欣赏高雅的音乐,去看名家画展,进行灵魂与灵魂的碰撞与融通。如此看来,就像一千个人的眼中就有一千个哈姆雷特一样,即使是同一个男人,也会给不同的女人留下完全不同的印象,从而使这些女人对这个男人做出完全不同的评价。

江苏卫视热播的征婚交友类节目《非诚勿扰》就形象地说明了这个问题。在一个男生出来之后,24个女生会根据自己的初步印象做出不同的选择。在介绍男生的3段VCR播放过程中,这些女生还会不断地做出选择,是为这个男嘉宾留灯还是灭灯。在不断选择的过程中,我们可以发现,有些男嘉宾总是能够博得女嘉宾的一见钟情,即使其他女嘉宾明确表示不喜欢这种类型的男生,也不妨碍对其一见钟情的女嘉宾与其牵手成功。但是,有些男嘉宾,尽管非常优秀,最终却孑然一身地下台,只能把希望寄托在电视机前的单身女性身上,希望她们可以给自己发邮件,取得联系。这是为什么呢?这就是每个女人对于男人不同的要求和标准导致的。在台上的24个女嘉宾中,有些女嘉宾已经30多岁了。其中有个女嘉宾甚至在被男嘉宾拒绝之后,一度着急起来,她说:"以前,都是我一直在挑挑拣拣。如今,我都这么大的年纪了,我想要找到一个男嘉宾把我牵走。"不管从哪个方面来说,对于女人而言,都很难一下子找到一个自己百分百满意的男性。要知道,人们对自己还会有很多的不满意呢,更何况是对一个陌生的男人呢。所以,作为女人,在寻找自己的真命天子的时候,只要七八分满意就好。归根结底,好男人是培养出来的,而不是天上掉下来的。其实,只要坚持原则性的问题,女人们完全可以容忍一些男人身上不那么致命的缺点或者是不合心意的地方,在彼此的交往过程中,不断地磨合,直到变得融洽。

在和皮特交往的过程中,梦清深受困扰。梦清是一个非常本分的女孩子,她为人善良谦和,对待工作认真负责。当然,皮特的本性也还是很好的。不过,他却有一个不是缺点的缺点,可能是因为长得帅吧,他的身边总是围绕着一大堆喜欢他的女孩子。糟糕的是,皮特总是不会拒绝这些女孩子,他总是非常委婉地表示自己已经有女朋友了。尽管梦清心里知道皮特对自己很好，但是她却总是因为其他女孩子对皮特的示爱而与皮特发生争吵。在结婚之前，皮特送一个因为被自己拒绝而喝醉酒的女孩子回家，梦清知道后，与皮特大吵了一架，分手了。女友们都对梦清轻易放弃这么一个高大帅气的男友表示不理解，但是梦清的态度却很坚决，她说她不能容忍自己未来的丈夫身边整天都围绕着一大群女人。

后来，那个对皮特爱得死去活来的、因为被皮特拒绝而喝得酩酊大醉的女孩子和皮特恋爱了。她非常爱皮特，觉得皮特简直就是自己心目中的完美男人。对于梦清曾经无法接受的皮特的女人缘，她却引以为豪。她说："有这么多女人喜欢我爱的男人，说明我慧眼识珠；有这样一个优秀的男人爱我，说明我是天底下最幸福的女人。"

在梦清心目中的近乎完美而略带瑕疵的皮特，在这个女孩的眼中却是绝对完美的爱人。从这个事例中我们不难看出，对于好男人的标准，每个女人的定义都是不一样的。即使是万夫所指的人，说不定也会有一个女人死心塌地地爱着他，把他当成可遇而不可求的好男人。因此，对于好男人的标准，每个女人都应该遵从自己的内心，遵从爱的感觉。当然，作为一个人，最基本的道德品质是应该具备的，除此之外，还要再加上每个女人自己的定义。这样才会变成女人心目中的完美男人。

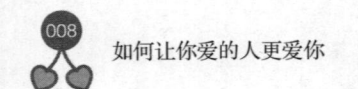

男人都是好面子的

有人这样说过,面子,无论古今,在男人心目中,比老婆还重要。虽然这样稍微夸张了点,但对于大多数男人来说,人前人后的面子的确是最重要的。而作为一个女人,要想与异性之间建立更为亲密的关系,在某些场合,给足对方面子是相当有效的,这比你给他买昂贵的礼物还令他心醉。男人在很多时候,就像是一个孩子,他渴望你的宽容,也希望得到你的尊重,他至少希望你在人前极力地维护他的形象,这比甜言蜜语来得更有力量。但偏偏有的女人不信这个邪,她们任意妄为,即使在他的同事面前、上司面前、父母面前,也丝毫不给他面子,这样的女人最终会被抛弃。之所以有这样的宿命,并不是女人不懂得如何去爱,而是你爱的方式不对,男人好面子,这是每个女人都应该明白的,面子就是男人的一个雷区,如果你不小心踩到了,那就注定了悲剧的开始。所以,做一个受欢迎的女人,一定要记住给足对方面子。

小米在一家公司做销售,每天都在外面跑业务,十分辛苦。这天,她刚刚接待了一个挑剔的客户,为了完成这个月的销售额,小米憋着满肚子的气,赔着笑脸与客户周旋。好不容易签了这份合约,已经到下班时间了。满身的疲惫,让她好想回家睡个好觉。谁知她回到家,看到老公带来了一大群朋友来,买了许多烟酒肉菜,搞得满屋子杯盘狼藉。小米本来就郁闷的心情变得更加糟糕，脸色也很难看，一位朋友看见小米回来了，热情地打招呼："嫂子回来了，坐下喝一杯吧。"小米脸色很阴沉，没好气地说："你们自己喝吧。"说完，就一个人进了卧室。那边正在喝酒的老公看见了，他进了卧室，悄声跟小米说："怎么了，因为工作的事情吗？出来大家玩会吧，菜都快吃完了，你去煮点吧。"小米把头捂在被子里，恼怒地说："要煮你自己煮去，我要休息了。"老公脸色变了："你这是不给我面子，这么多朋友都在这里，让我难堪。"小米坐了起来，大声责问："那你邀请的时候怎么没有想到这些啊，我这么累，你还让我来服侍你们……"小米的声音透过墙壁传了出去，正在吃喝玩乐的朋友们听到了，面面相觑，都觉得自己该离开了。

老公和小米吵了几句，推门出来，朋友们纷纷告辞，有朋友向他说道："今天先走了，你还是好好与小米谈谈，不要因为我们发生了冲突，下次去我家好好玩。"几句话说得老公愈发过意不去，看着寂静的家里，他也出门喝酒去了。

虽然小米本身已经很累了，但在这种情况下，老公那么多朋友在场，却冷着一张脸，不给老公面子。最后，朋友们都看不下去了，纷纷找借口走了，自己也与老公发生了争吵。看到这样的结果，不知道是不是小米所希望。但是，无论最后小米与老公之间发生了什么，小米已经让老公在朋友面前丢了面子，而且自己没有做好主人的事情也会被朋友们拿来做茶余饭后的谈资，这样一来自己的面子其实也丢掉了。小米忽视了一点，虽然因为家里的关系让朋友们没有玩得尽兴，但朋友们更多的是看到了不懂招呼待客礼仪的小米。当你没有给对方足够的面子，其实无形中，也丢掉了自己的涵养。

1.给足男人面子

女人，在适当的场合，千万要给足男人面子。在他的朋友面前，你要摆出一副小女人的姿态，作出言听计从的样子，这并不是助长他的威风而是顾及他的面子；在同事面前，你可以适当地夸奖他，千万不要在同事面前抱怨、贬低他，这样会极大地伤害他的自尊；在父母面前，即使他不是事业有成，也不要说他没有出息之类的话，这样只会让你们的感情越来越淡漠。一份持久的感情是需要用心去经营的，而懂爱的女人，最终会获得幸福，因为她在任何时候都会给足对方面子。

2.照顾对方的自尊心

女人在与男人相处的时候，应该尽可能地照顾到对方的自尊心，维护好他的形象，照顾到他的面子。这是一个女人应该懂得的礼仪，也是男女之间相处的最有效的方式之一，它会让你们的感情逐渐升温，获取生活给予的幸福。

聪明的女人，要学会经营自己的感情，而给足对方面子就是最好的方式，这让他感觉到什么时候他都是最重要的，越是觉得自己重要，他就会越加表现出自己的责任与关爱。

男人的内心都暗藏狩猎心态

在两性世界，不少男人的内心都暗藏着狩猎心态，他们从懂得男女之事那天起，就学会了对漂亮女人进行"追捕"。男人的普遍心理就是，看到就想得到，得到后就要在精神上征服她，让她变成可在家里饲养的乖乖兔，其行为所传递的信息是："你必须是我的战利品，唯一属于我！"在有些男人看来自己的女人别人不能碰，但却想去碰别人的女人。这些男人将别人的漂亮女人看作鲜花，总是想插在自己的花瓶里，所以会酸溜溜地说："哎，一朵鲜花插在了牛粪上！"将别的男人当作牛粪，恨不得取而代之。

男人总是将自己定位为猎人，难道女人真的是男人眼中招之即来、挥之即去、毫无还击能力的猎物吗？天真的女人不要以为当一个男人大声说爱你时，就意味着你真的成为了他心里的宝贝。然而，真相是当他在说"我爱你"的时候，或许他心里就在苦恼地盘算以后该怎么样编织"今晚有事不回家"的借口。大部分成功男人晚上都不想回家，他们希望在外面继续狩猎。婚姻对女人而言是句号，对男人而言却是一个逗号，这只意味着一次"狩猎"的成功结束，而且他们会有一种被束缚的感觉，全身不自在。

小雯向闺蜜诉苦："当初老公为了得到我，追得要死要活，甜言蜜语海誓山盟，结果到手了，心还是那么野，这才结婚两年，就在外面找了个女人，我觉得他真是喂不饱的白眼狼！"其实，小雯的老公并不算特别优秀的，有房无车，收入仅够养家，在单位也是平庸的一个人，是那种融入人群中再也找不着的一个人。而小雯在大学时是公认的校花，身材苗条，五官精致，而且有独立开拓事业的能力。这两个人走到一起，人们都说是小雯老公走了狗屎运。

就这样一个男人，把小雯追到手了，还不满足自己美满的家庭。婚后，仗着自己有了点阅历和经验，在外面竟然开始拈花惹草。小雯觉得非常苦闷，每每想到这件事就觉得委屈得慌，恨不得让老公变成太监，一辈子将他系在自己的床边，再没有机会跑出去风流快活。

假如男人没有得到心仪的某个女人，留下的这种遗憾也可能很快会被另外一个性感女人的吸引所覆盖。对此，心理学家分析认为，即便没有爱，男人也会去疯狂追逐女人，性的体验和与征服陌生女人的新鲜刺激感，将给予男人最大的满足。"男人有钱就变坏"，意思就是说男人一旦有了钱，就开始为自己狩猎购买子弹。

不过，这些喜欢狩猎的男人还是分为多种：

1.天生的大情种

有许多男人好像是天生的情种，他想跟所有的漂亮女人都浪漫一番，在他眼中那些女人都是猎物，也不管她们是否名花有主，他都觉得命中注定要与之发生点什么故事。这样的男人不会把心思放在一个女人身上，也不会专注于任何一个女人。他热衷于"从这个女人到另外一个女人"的游戏，始终乐在其中。对于这样的男人，一旦发现他有外出"狩猎"的迹象，决不心软，趁早与之撇清关系。

2.自制力差的男人

一个成功的男人所面对的诱惑非常多，比如商业公关、朋友聚会、推杯把盏，若是碰到一位感觉不错的女人，那男人就完全抵御不了这种赤裸裸的诱惑。即便男人在外风流倜傥，逢场作戏，假戏真做，但对于家中的女人而言，自己的那个他已经精神变质了。而这样的男人还会为自己辩解："我要工作啊，难道不让我陪客户喝酒吗？这是公司安排的，大家都去了，为了工作，我能怎么办呢？"

3.只是寻找一种新的刺激

男人花心是正常现象，世界上没有不偷腥的猫，他是否能吃到在于家中的女人把门关得紧不紧。有的男人对婚姻，对另一半保持着较高的忠诚度，是公认的好男人。在和某个女人确立关系之后，他们不会无节制、无原则地跑到外面追逐猎物，不过也一定会在时间的消磨中对身边这一位慢慢失去新鲜感，他们渴望新的刺激。对于这样的男人，女人需要把门关紧，同时提升自我的吸引力，两者兼用，将男人拉回来。

除了性的需求以外，女人希望得到情感的亲密沟通和爱的满足，她们在潜意识中的自我定位是爱的受体，找到个男人就满足了,愿意终生守护着他;而男人则每时每刻在体验征服感,他们自以为是爱的释放者,这跟他是否优秀没有关系,因为这源于男人的本质——狩猎的本性。

太容易得到的感情,反而很廉价

生活中人们都有这样的感受,如果是你辛辛苦苦赚来的钱,哪怕是每一分钱,你在用的时候都会觉得很谨慎;而如果是意外之财,是捡到的钱,你就会毫不犹豫地用掉它。这就是人们都知道的一个道理:太容易得到的东西,往往不被珍惜。也许人就是这样,容易得到的东西就不会去好好地珍惜。很多时候都是这样,在人们所追寻的欲望中,他们常常会认为得不到的永远是最好的,然而越是容易得到的往往就越不会珍惜。感情也是一样的道理,人们对于那些太容易得到的感情,或是送上门来的感情,通常都是不屑一顾的,在他们看来,没有感受追寻的过程就得到的感情,往往是廉价的。

每个人总是想追求自己喜欢的那一位,而且他们觉得过程越辛苦就越难忘,越是不容易得到就越能挑起他们心中的渴望,所以他们总是在那若即若离的感觉中倍感痛苦,也倍感兴奋。如果是唾手可得的就会觉得不在乎,既没有经过辛苦的过程,所以就是连最后的结果也是不在乎的态度。就像是在电视或小说里面，男女主角动人的爱情总是经历了风风雨雨，坎坎坷坷，最后才会有圆满的结局。如果从开始就在一起了，又怎么会让你记忆深刻，如果爱情没有明显的阻碍，没有经历风浪又怎会感动人呢？没有在感情上经历挫折，太过顺利就得到的爱情，就会让人觉得幸福是理所当然的，所以就不加以珍惜了。一个人在遇到爱情的时候，一定要记住"太容易得到的往往不被珍惜"，所以，学一点欲擒故纵的技巧，适当地给自己放一个度，这样才会让人更加珍惜你。

一个长年喂养猴子的人，不是将食物好好地摆在那儿，而是费尽心思，将食物放在一个树洞里，猴子很难吃到。正是因为把食物隐藏起来，猴子吃不到，它反而想尽了办法想要去吃。猴子整天为了吃而琢磨，后来终于学会了用树枝把东西从树洞里掏出来。有人看见就觉得很奇怪，对养猴子的人说，你不该如此喂养猴子。

而养猴子的人却说，猴子对现成的食物是很没有胃口的。平时，你直接给猴子摆在面前。它连看都懒得看，它根本不会去吃。你只有用这种办法去喂它，让它很费劲地才能够着吃的，它才会去吃。

聪明的养猴人善于从日常生活中去发现道理，不能"好好"地喂养他们的动物，要让它觉得有点费劲，学会去自己够东西，只有经过努力得到的东西，才是好东西。人对于自己的感情也是一样，不费吹灰之力就能得到的爱情，往往是不被珍惜的。所以，就算对方也是你比较中意的人，那么也适当地给他一些阻碍，不要轻易就把自己的心交给对方，要学会提升自己的价值，这样你才会在爱情里备受珍惜，并赢得自己的爱情。

在日常生活中，遇见一个让你心动的人，而且他也对你怀有好感，这时候不要急于去表白自己的心迹，不要把自己陷于一个被动的境地。你的主动会让他觉得丧失了挑战的欲望，也会让他觉得这样的感情来得太顺利而不会加以珍惜，而你在爱情中就完全处于被动的境地了。在对方追求的过程中，学会适当给他一些阻碍，给他一些距离，给自己多一点矜持，激起他挑战的欲望，这样才会使你的爱情无往不胜。当你无所欲无所求地对某一个人好的时候，当你一门心思地爱着某一个人的时候，一定要记得：越容易得到的，越不会被珍惜。每个人的爱都不应该是廉价的，如果你一门心思地付出，换来的只是他的冷落，那他对你付出的爱是不在乎的。

你在爱一个人的时候，也要留一点来爱自己。永远不要满腔地对一个不懂得珍惜你的人付出你的爱，你的一味付出只会让他觉得这是理所当然的。所以，为自己保留几分，也是为了激起他心中想战胜的欲望，提升自己的"价值"，给别人一点挑战力。不要让人觉得你是唾手可得的，这样不但为自己的爱情增添一点激情，也为自己的爱情增加一点甜蜜。

善于伪装，是男人在情感世界中的通病

项羽力拔山兮气盖世，不过最后却自刎乌江；《老人与海》彰显着不服输的精神，不过作者海明威却选择了自杀。项羽和海明威，看似"很男人"，但最后人们却发现他们比任何人都脆弱。这其实就是男人在情感世界中的一种伪装行为。在这个世界不乏有坚毅冷静的真男人，但当其中的某位成为自己的恋人或先生时，女人却讶然发现，他实际上就是个胆小怕事的人。女人需要明白，爱一个人就要他可以轻松卸下自己的伪装，面对真实的自我而不羞愧。女人需要让男人明白，你的爱可以包容他的一切。

小武是一位车技娴熟的摩托车手，他可以做许多其他车手没法完成的高难度动作。周围的人都把他看成是勇敢和速度的化身，称他为"车神"。不过在一次挑战赛中，小武所骑的摩托车发生意外，他差点摔死在赛道上。

从此以后，小武为了不再赛车，装成瘸子，极力逃避别人对自己的挑战。女朋友为了激发其斗志，对他说："以后有多远滚多远，再也不想见到你这个胆小鬼。"女朋友没有想到，在赛场上英姿飒爽的小武，竟然像孩子一样扑倒在她怀里哭了起来。

小武说，那次的意外尽管没有让自己断手断脚，但自己害怕，怕瘸着手脚过下半生，因此他再也不想回到赛车场上，不

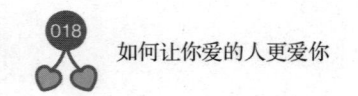

想再当车神了。女朋友这时才明白，这位赛车场上的"车神"原来内心是如此的脆弱。

在现实生活中，有许多男人都和小武一样，看似强大，实际上有一颗脆弱的心。在女人看来，男人应该是强者，实际上男人只是将自己的脆弱层层包裹了起来，不想让别人看出来。在某些时候，男人的心理相比女人而言，可能要脆弱得多。因此，女人不要再相信你看到的男人有多么的强大，说不定他的内心是十分脆弱的。

内心的脆弱只是男人伪装自己的一方面，在情感世界里，男人有许多伪装自己的行为。下面我们就一一来解读男人那些伪装的行为：

1.我不需要你

男人在外面都会将自己伪装成一个坚强的人，甚至有些强硬。平时连去看医生都不要女人陪同，一起逛街男人也总是一个人走在前面。假如其女伴年老病逝了，那这位看似坚强的男人就好像一夜之间老了很多，不久之后他有可能会选择自杀。

人们普遍的观点是女人更脆弱，依赖性更强。但是，日本一家心理研究机构证实，在日本自杀男性是自杀女性的1.32倍，而且女人失恋或失去配偶后重新振作起来的速度比男人快很多。男人经常对女人说"我不需要你，没有你我也一样过"。但其实男人是为了掩饰内心深处对对方的依赖，男人通常会这样想：没有了她，我比较难过，若承认这个事实那真是太丢人了。

2.我是男人我怕谁

当女人经常问男人：你怕不？男人则会回答：有什么好怕的，我是男人！但假如在女友的鼓动下看恐怖电影，之后看电影回来总是要开灯睡觉。女人才明白，男人说自己不怕那都是唬人的。可以说没有任何数据证明男人比女人胆子大，但是男人天生就被要求做一个有勇气的人。男人在小时候若是被吓哭了，父母就会呵斥：哭什么，你是男子汉，可不能当胆小鬼。

由于男人从小就被要求做勇敢的人，于是他们一开始就明白，自己即便天生胆小也要假装胆大，否则不但被人们瞧不起还可能找不到老婆，实际上他内心深处，很希望有一个人让自己脱掉伪装大声说：其实我也很害怕。

3.坚决不认错

男人习惯性的行为是平时开玩笑总喜欢说：我错了。但一旦他真的做错了事情，嘴巴却硬得像是铁做的，不管女人怎么样说，他就是坚决不认错。直至无法辩解时，他还会耍赖，说：反正我没错。

通常男人觉得自己一旦认错，好像就低人一等。特别是在另一半面前，他们十分害怕因为做错事而降低家庭地位，而他们本来对自己的家庭地位就没什么信心。他们始终在困扰这些问题：她是因为崇拜而爱我吗？在孩子眼里，我算不算一个成功的爸爸？害怕权威的丧失使男人总喜欢充当永远不出错的死

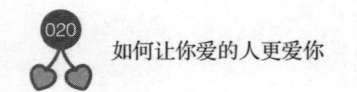

硬派。不过女人不必忧虑，男人心里通常会想：我以后改正就是，为什么一定要说出来。

4.开玩笑随口许诺

"今年买房子好吗？""没问题"。男人通常会开玩笑似的随口许下诺言，但假如女人事后问，你不是答应过吗，为什么不去做？这时男人会装出很惊讶的表情："原来你是当真的，我以为你在开玩笑。"假如你说男人很虚伪，他反而会说：我这样说都是为了让你开心啊。

在男女相处过程中，男人最害怕的不是被甩而是吵架，因为他们实在应付不来女人的唇枪舌剑和缜密心思。似乎每个女人都是承诺狂人，假如男人不答应，那女人则会悠悠地来一句：你还像个男人吗？于是男人就将自己伪装成开玩笑，伪幽默，不断地给女人承诺，心里却在想怎么样逃跑。

5.形影不离的黏人

有的男人很黏人，做任何事情他都希望与女朋友在一起，甚至是星期天她去加班，他都要一直在公司楼下的咖啡店等着。这样的行为刚开始会让女人觉得甜蜜，时间长了就觉得沉闷和窒息。

男人想要与女朋友形影不离的行为通常出现在恋爱或新婚阶段，假如你以为他真的有那么爱你，一分钟都不想与你分离那就错了。其实这样的男人在感情上有着超强的占有欲，他希望你时刻都在自己的视线范围之内，这不是因为思念而是担心自己不知道你在做什么。

男人在感情世界里往往喜欢伪装自己，就算是那些外表强悍而不羁的男人，他们也有自己脆弱的一面。聪明女人需要明白，不管男人如何富甲天下，还是如何权高位重，他们都渴望有个女人可以依偎，希望自己受伤了有个地方可以疗伤。在很多时候，女人需要从男人的角度替他们着想，体谅男人伪装出来的行为。

女人需要在男人面前时而聪明时而笨拙

男人通常有一种心理，既害怕女人太聪明又担心女人太笨，最好是还没有聪明到可以将自己的底牌一眼看穿，又没有笨到让自己觉得娶了她不太体面。这样的心理令女人感觉很奇怪，那自己到底是聪明呢，还是不聪明呢？其实不然，主要是看女人在哪些事情上表现聪明，哪些事情上表现不聪明。在对男人的心理揣测上，男人希望女人是不要太聪明的，毕竟自己不想被女人一眼看穿，从而挫伤自己的面子；而在众人面前，男人希望女人是聪明伶俐的，毕竟在别人看来是这样，他不希望听到这样的声音"你老婆看起来有点傻乎乎的"，他需要女人的聪明来支撑自己的面子。

小雯是一个聪明伶俐的女孩子，大学本科，从事编辑工作。其男朋友是工程师，高大帅气，年轻有为。大家都说：真是般配！然而，真正让众多闺蜜羡慕的是，男朋友始终如一地对待小雯，每天都好像在热恋般，他们谈了三年的恋爱，可直到三年的最后一天，男朋友对小雯都始终保持着最初的热情，这是为什么呢？

小雯告诉闺蜜："女人呐，既不要太过于聪明，也不要太笨，这样的女人才能讨男人喜欢。"闺蜜表示不解，不能太聪明，不能太笨，那根本就是难以界定啊。小雯娓娓道来："女人不能太聪明呢，就是不要总想着去猜男人的小心思。比如，我们谈恋爱第二年的时候，男朋友经常会半夜接到电话，这时他总会背着我接电话，我从来不翻他手机，而是非常相信他。等到他接电话回来，我会笑笑'是同事吗？怎么工作上有事情吗？'这时他就会不好意思地笑笑，而我再也不会提到这件事。这样经过几次之后，男朋友接电话也不会避开我了，而我从来不问是谁，渐渐地，他连接这样的电话的时间也很少很少了。"闺蜜听到小雯的叙述，忍不住赞叹："确实，以柔克刚啊。"

小雯接着说："不能太笨呢，就是你必须拿得出去，给男人长面子，而不是丢他的面子。我平时都比较注重外在和内在的修饰，不管是穿衣打扮，还是说话做事，总是简洁大方。每次我们参加朋友聚会回来，男朋友都会很自豪，微醺之下不禁道出真心话：'你知道吗？朋友们都特别羡慕我，女朋友学历好,人长得漂亮,独立自主,而且说话柔声细语,待人彬彬有礼,都说我不知道修了几辈子的福气遇到了你。'你瞧,这不被我收拾得服服帖帖吗?"几位闺蜜都忍不住喝彩起来,直赞小雯御夫有术。

有智慧的女人就是如小雯般聪明,在男朋友面前不要显得太过于聪明,即便你知道所有事情,但也装作毫不知情一样,这样可以很好地照顾男人的面子;在人前显示自己的才智,不管是说话做事,还是穿衣打扮,彬彬有礼,优雅娴静,深得大家的喜欢,这样可以给男人长面子。

有一对人人称美的神仙眷侣,男的遭遇车祸骤然辞世。三个月后,妻子勉力支撑,在悲伤中整理丈夫的遗物,她用结婚纪念日的密码,登录丈夫经常使用的邮箱,读到的是丈夫和另外一个女人的通信,那上面所写的是不尽的柔情蜜意。妻子意识到,自己在失去丈夫的肉身之前,早已失去了丈夫的灵魂。多少年的恩爱,多少年的信赖,瞬间垮塌。假如没有这最后的聪明,她会一直拥有一个完美的记忆,会感觉至少在人生的一个阶段,自己曾经是一个幸福的女人。而今,她宁可自己从来没打开过那个邮箱。

"水至清无鱼,人至清无徒",女人还是迷糊点好,太聪明了,连男人都会觉得害怕。人世间所有的幸福都是相似的,所有的不幸实际上也是相似的。女人太聪明,反而会容易受伤。有时候稀里糊涂地过日子,倒也不是什么坏事,因为清醒会加重对不幸的痛感。

聪明是一种认识能力，对自己的需要有认识，对周边的世界有认识。因为聪明，很清楚地明白自己要的是什么，也对拥有的生活缺憾什么看得一清二楚。这样的女人知道自己有的、可以有的，和所向往的、不能得到的，眼前的得失是很分明很清楚的，这实际上就是很痛苦的事情。聪明除了让女人容易对现状不满，还会加强对不幸的感知能力。聪明的女人对不幸的辨析度会比较高，触觉敏锐。一旦有任何不好的事情发生，聪明的女人就会马上有意识、有反应，这容易让女人趋于挑剔和严苛。林黛玉太聪明，对任何事情都比较敏感，她对自己在贾府寄人篱下的处境、对和宝玉的爱情没有保障的未来，都太聪明了，这样以泪洗面就成为了她生活的常态。假如女人学会傻乎乎地享受生活，成为一个通达、宽厚、乐观、好说话的女人，那她必然是幸福的。

当然，女人需要展现自己应有的聪慧的一面，比如优雅的谈吐，得体的装扮等，这些都是女人知性的一面。每个男人都希望自己的女人"上得厅堂"，这就需要女人要适时展现自己的"聪明"，而不至于太蠢。男人通常希望自己的女人能获得别人的称赞，这样他自己脸上也很有光，所以才会担心女人会太蠢。

男人担心女人太聪明又害怕女人太蠢，这一切都是从其心理的自私一面出发的。他一方面希望女人不要太聪明，担心自己的一举一动、自己的花言巧语以及谎言都会被女人识破。然而，他又希望这样的女人是聪明的，能够得到别人的称赞，能够上得了台面。尽管男人的这一心理大部分是从其自身出发，但假如女人真的做到了这一点，却是极高的境界，这不但可以为你赢得男人的青睐，同时也会让你更容易获得幸福。

第02章

没有完美的人，也不会有完美的恋人

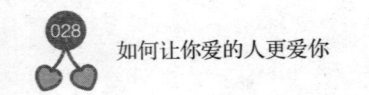

擦亮双眼，在爱情面前要保持理智

对一个女孩来说，婚姻是人生的分水岭。在这个开放的时代，我们虽然不能说一次错误的婚姻就要吞噬女性一辈子的幸福，但毕竟你将为之付出相当的代价。离婚吗？即使可以顺利离婚，已经失去的青春和已经受伤的心灵却是无法弥补的。经济的纠葛，如果还有孩子的牵绊，更是让女性无可奈何。

女孩的一生是好命还是不幸，婚姻是其中分量最重的砝码。可惜的是，在选择婚姻生活的时候，我们还年轻，还不了解自己的需要，容易犯各式各样的错误。在这个世界上，好姻缘和坏姻缘都有千千万万，我们无法一一分说清楚，但是这里面有一个最简单也最容易忽视的道理：在婚姻里，最重要的是自己的感受而非表面风光，生活经验还不够的年轻女孩，千万不能被那种"看起来很美"的爱情迷了眼。

庄慧是个好女孩，清秀美丽，性格又温柔体贴，上大学的时候，身边就有很多追求者。但她对那些追求自己的男生视而不见，而为人高傲冷漠的斯明，却牢牢地抓住了她的心。

斯明一头长发，外表英俊潇洒，在与人交谈的时候，总喜欢引用各种哲学道理。不仅如此，他对古典音乐也有很深的造诣，小提琴拉得很棒。校园里的女生，为他着迷的人可以排成一条队。庄慧看到其他女生接近斯明，心里就很不是滋味，因此她决定放弃所有的追求者，得到斯明的心。经过一段时间的努力，斯明如愿以偿成为她的恋人。大学毕业后，两人顺利地结婚，但很快婚姻就出现了各种问题。

在谈恋爱时，斯明对庄慧就不是特别体贴，婚后更是不怎么关心她。虽然两人都要上班，但斯明从来都不帮妻子做家务，家里不论大事小事，似乎都与他无关。庄慧忍不住埋怨时，斯明就会说："结婚是你一厢情愿的，这些事情你自己看着办吧！"最让人无法容忍的是，斯明工作一段时间后，认为那些琐碎的小事太埋没自己的才华，连庄慧都没告诉就辞了职。借口考研，在家里一待就是两三年，日常生活全靠庄慧的工资支撑。

庄慧在婚姻生活中，一直找不到幸福，最后被逼无奈之下提出离婚。由于受婚姻后遗症的影响，庄慧一直接受心理医生治疗，当初错误的选择所带来的悔恨，已经深深地伤害了她的心灵。

像斯明那样的男人，是女孩幸福的杀手。男人如果各方面都平平无奇，即使有一点小毛病，也泛不起多大的浪花来。怕就怕他有钻石的外形和玻璃的内在，让女孩看不透，识不破，飞蛾扑火般地投进一个永远也填不满的黑洞里。

选男人其实也和买衣服差不多，不能光挂在那里养眼，穿在身上舒服才是正理。知道那种高领无袖的羊绒衫吧？那种衣服很特别，在试衣间里，把大多数女性都衬得非常高贵美丽。可是买回家去，它又能派上什么用场呢？天热的时候穿，你受不了它那层高领子，天冷的时候穿，包你胳膊上都是鸡皮疙瘩。让你不舒服的衣服，不要买；让你不快乐的男人，也是敬而远之为妙。

道理是这个道理，可有的女孩总是下不了这种决断。那么，在结婚之前，你可以这样考虑一下：他身上最吸引你的、最耀眼的地方，对于以后漫长的生活有益吗？请注意，是吃喝拉撒、柴米油盐的生活。你认为结婚以后，他有没有需要改变的缺点？如果他的习惯和个性没有任何改变，你还会一如既往地爱他吗？

不要一厢情愿地以为，婚姻是包治百病的良药，只要结了婚，男人们就会成熟起来，花花公子也会变成住家男人，冷漠的男人也会变得富于温柔和爱心。这些期待如同海市蜃楼，不可能变为现实。婚姻并不能消除潜在的危机或让人改过自新，如果在结婚前发现了某些问题，婚后发作起来只能更为严重。

很多女孩一旦确定了结婚的对象，就会变得非常不理智，但很少把发现的问题摆到台面上来处理。她们认为，结婚是爱情的开花结果，不能为"小小"的问题而选择放弃。但是有些恋爱时不是很看重的问题，婚后却会给当事者带来很大的困扰，当你把男人的自私当成潇洒，把他的夸夸其谈当成才华横溢时，不幸也在悄悄向你走近。

好命的女孩，懂得有爱与被爱才是圆满，思想单纯幼稚的女孩，常常把一时的迷恋当成正常的感情。婚姻的实质其实就是生活，如果你的虚荣心不是太重，只依靠精神上的胜利就可以满足，那么在婚姻的选择上，还是保持现实的态度为佳。

在婚姻里，最重要的是自己的感受而不是别人羡慕的目光，生活经验还不够的年轻女孩，千万不能被那种徒有其表的男人迷住了眼。

男人就像股票，选男人就要选择潜力股

如今，很多年轻漂亮的女人都想找一个现成的好男人把自己嫁掉，殊不知，现成的好男人大多已经名草有主了，甚至已经成家立业。那么，横刀夺爱当小三吗？虽然有很多女人都毫无廉耻地这么做了，但这仍然是一件让人鄙视和唾弃的事情。最重要的是，这样得到的男人总是不那么真心，毕竟，女人在选择这种男人的时候本身就是动机不纯的。其实，在你们相遇的时候，即使男人并不那么优秀也没关系，因为女人就像是男人的一所学校，好男人大多是从这所学校毕业的。因此，我们要成为一所好学校，培养出一个好男人，而不要成为一个让人唾弃和鄙视的小三。自古以来，夺人所爱都是没有好下场的。

有人说，男人就像是股票，有的男人是涨停股，有的男人

是垃圾股，有的男人是潜力股，有的男人是绩优股。对于涨停股，要看看眼下这个男人的现状，假如现状不堪，当然不是好选择，假如现状已经足以保证前景无忧，也是可以选择的；对于垃圾股，当然是毫不犹豫地舍弃；对于潜力股，因为有着无限潜力，所以是女人投资的好选择；当然，和潜力股比起来，绩优股更有保障获得丰收，所以是不二的选择。那么，何为绩优股呢？所谓绩优股，是指业绩优良的公司的股票。把这个概念延伸到男人身上，是指这个男人有学识、有修养、有事业心、积极上进、有涵养，这种男人虽然眼下还没有获得成功，但是已然具备了获得成功的各种条件，成功是指日可待的。投资绩优股的女人，总是能够如愿以偿地赚得盆满钵满。退一步说，即使这个男人不幸没有获得预期的成功，凭着他这些优秀的条件和宝贵的品质，美满幸福的生活也是唾手可得的。

伊俐是大学的校花，无数男生为她倾倒，对她魂牵梦绕。甚至，在社会上的很多年轻人也久仰伊俐的大名，总是想方设法地找机会一睹伊俐的芳容，其中，不乏有很多事业有成、工作稳定的年轻男士。对于这些追求者，伊俐大多数都没有放在心上，只对其中的两个人比较关注。一个是比伊俐高一届的学长、现任学生会干部的周群，他不仅学习成绩优异，而且把学生会的各种事情打理得井井有条，能力很强。除此之外，他还会谈感情，更是跆拳道的高手，简直就是一个全能型的人才。另外一个是校外的，是公务员，在教育部工作，事业稳定，单位福利待遇也很好，几乎一辈子衣食无忧。在这两个人中，周群显然是伊俐更心仪的，因为他年轻，有活力。而另外的那个教育部的公务员呢，也有很大的优势，住着单位分的160平方米的大房子，出门都是车接车送，如果嫁给他，那么伊俐不仅不愁工作的事情，几乎结婚了就成为太太了。然而，伊俐不是一个贪图享受的人，她很清楚，轻易得到的是不值得珍惜的，经过努力奋斗得到的才是宝贵的。为此，她毫不犹豫地选择了绩优股——周群。果然，大学毕业之后，周群很顺利地应聘到一家世界五百强企业，因为有在学生会工作的经验，他在短短的两年时间里就被单位破格录取为中层管理人员。这简直是一个奇迹。因为世界五百强企业在选拔人才的时候是非常慎重的，对于人才的考核也非常严格。在世界五百强企业工作几年之后，周群学到了他们先进的工作理念和管理模式，他抓住一个千载难逢的好机遇，辞掉了同学们艳羡不已的工作，摇身一变成了自己的老板。如今，当初不理解伊俐为什么选择毫无基础的周群的女同学们恍然大悟，原来，伊俐并非不想有更好的生活，而是更有想法，所以才会在周群身上下了自己最大的赌注——爱情和婚姻。毫无疑问，伊俐如愿以偿地得到了自己想要的生活，而且，还收获了一份相濡以沫、同甘共苦的坚实的爱情！

假如伊俐选择嫁给那个公务员，那么她的一生虽然衣食无忧，但是也必定平淡无奇。而选择了周群，伊俐不仅收获

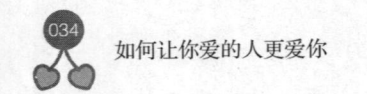

了浓烈的爱情，也同时收获了轰轰烈烈的人生。伊俐是个聪明的女人，她知道自己想要的是怎样的生活，也得到了自己想要的生活！

日久见人心，给彼此一点时间了解

人们经常说的是，路遥知马力，日久见人心。女人在和他人交往的时候，要想彻底地了解一个人，就应该有长时间的相处，这样才能看出这个人到底是个什么样的人。

俗话说，知人知面不知心。很多人为了给别人留个好印象，经常会用虚伪的面貌和别人交往，在生活中，这种情形也经常出现。女人在和人交往的时候，尤其是和一个不是很熟悉的人交往的时候，如果被他的假象迷惑了，就会给这个人下个错的结论，而这也会直接影响到女人和他们以后的关系。女人很容易被对方的假象所迷惑，基于这种原因，女人在给他人下定论的时候，千万不能太轻易，应该多和对方接触之后再下结论。

马只有在长远路途的奔跑中，才能试出它真正的实力。人也只有在长久的相处中，才能看出对方的真心到底是怎么样的。女人要想深入地了解一个人的内心，就应该多和这个人接触，在生活点滴中，看清这个人。女人在和他人交往的时候，应该从哪些方面看一个人的内心呢？

看他是否尊重你：很多人在和女人初次见面的时候，往往会表现得很尊重、很虔诚，但是这种情况可能仅仅是个假象。在长时间的相处中，对方往往会暴露他真实的内心，看他是不是尊重你，是不是待你像初次见面时那般。很多时候，人们在熟悉了以后，往往不会再像第一次见面时那样拘束，但是尊重对方还是能够体会出来的。

看他是否关心你：人们在初次见面的时候，为了给对方留下个好印象，也为了让以后的交往有个好的基础，经常会表现出对女人的生活很感兴趣的样子，女人应该知道，对方这样做，或许是伪装出来的。在长期的相处中，如果对方是真的关心你，就会关注你生活所发生的那些事，当女人向他们提起发生在自己生活中的某件大事时，如果对方关心女人，就会在以后的生活中对这件事有所提及，假如对方根本就不在意女人的生活，他根本就不会将其放在心上。

看他是否诚实：很多人为了博取女人的好感，经常会说一些讨女人喜欢的话，或者是做一些让女人高兴的事，他们为了讨女人的喜欢，经常会不管事情对女人是有利还是不利，仅仅是为了讨得女人的欢心。而诚实的人，往往不会为了讨女人欢心，而故意做出对女人不利的事情，他们不会因为女人的不满，而阻止自己说出那些逆耳忠言。

看他是否为你的成功而高兴：有些人在和女人初次见面的

时候，经常会做些表面文章，他会因为女人的激动而激动，因为女人的高兴而高兴，女人千万不能被这种假象所迷惑，因为对方的激动和高兴可能是装出来的。在长时间的相处中，如果对方对女人的成功一直像初次见面时的惊喜，就说明这个人是真的很在乎你的感受，能够和你同悲欢，只有这样，才能说明他对女人开始时的表现不是装出来的。

看他是否经常打听你的隐私：有些人在和女人初次见面的时候，表现得很好，但是因为怀有某些不可告人的目的，于是他们会在长时间的相处中，对自己的事情避而不谈，对女人的事情，倒是非常关心，经常会有意无意地打听女人的事情，这个时候，女人就该注意了，也许对方的目的是不单纯的，这时候就应该多加小心了。

女人在对某个人尚未了解之前，就不应该轻易地给某人下结论，对人心的认识是在生活中不断了解的。如果女人因为对方给自己的第一印象好，或者是最后的印象好，就轻易地给某人下结论，就会对这个人的缺点或优点视而不见，这是很主观的行为。很容易因为自己的主观而给对方下个错的结论。生活中经常会出现一些女人上当的事情，就是因为女人对对方没有透彻的了解，就将自己的真实底细和自己的所有秘密告诉了对方，而对方正是用这些事情来伤害女人的，女人要想避免这样的情况出现，首先应该加强自己的戒心，不能因为见过几次，就将自己所有的秘密都告诉对方。其次，要有日久才能见人心的意识，客观全面地认识一个人，只有这样，女人才能在今后的生活中少受骗，也只有这样，才能更好地保护自己。

把握细节，帮助你真正了解男人

旧式的女孩遇到糟糕的男人，伤心之余，尚可以抱怨命运，抱怨父母和媒人。今天呢？自由交往，自主选择，再给坏男人钻空子的机会，只能怪自己的眼光和智慧不够。

人们常说"女人心，海底针"，其实男人的心思、男人的本质，也不是一眼就可以看透的。在自己"有意思"的女性面前，哪个男人不表现出一副豪爽大方、温柔体贴、事业有成、品性优良的样子呢？其中的真假虚实，就要靠你的一双慧眼去分辨了。

看男人，在做普通朋友的时候，你看到的只是他们作为社会人的一面，比如他的能力、品行等。要是到了谈婚论嫁或者已经领来婚姻证书的时候，朝夕相对，看倒是看清楚了，但不管怎么样，你的发现多少有些迟了。所以看男人，最好是在你们已经深入接触，却还没有涉及经济、身体等比较私密的实质问题之时。

每个男人，从表面上看，区别不大，但透过细节这个放大镜窥探，他们却是千姿百态、各不相同的。所以，通过细节识

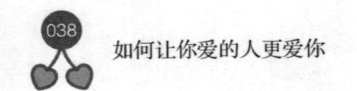

男人，是女孩必修的感情功课。

嘉仪的男朋友，是刚刚通过别人介绍认识的。他在一家外资的软件公司上班，华南小区销售经理的级别，薪水很高，人又高大英俊，嘉仪对他很满意。

有一天黄昏，两人在嘉仪家附近的林荫道上散步时，路边一个小乞丐突然冲出来，抱住了嘉仪的腿讨钱。嘉仪惊慌失措，不由得尖叫了一声。

她的男朋友见状，二话不说，抬起腿向乞丐踢去，狠狠地叫道："给我滚！"小乞丐被踢出几步远，一边捂着腰，一边惨叫着在地上打滚。

男人转过身看到嘉仪，脸上的神情马上恢复了温柔，轻声地对她说："让你受惊了，来，我们走吧！"

嘉仪目瞪口呆，一路上她还在回想着刚才恐怖的一幕，太让她吃惊和意外了。

她觉得眼前这个男人"出腿"太狠太迅速，几乎让人来不及反应，脸上那凶狠的神情，也让她害怕。她不明白一个人怎么可以把神情转变得这么快。

因为这件事，嘉仪没有和他发展下去，她觉得他有种潜在的可怕，让她极没有安全感。

一年多后，嘉仪庆幸自己的决定是对的。听说那个男人后来重新谈了女友，两人很快同居了，但没多久他暴躁的脾气就暴露无遗，经常暴打女友，虐待她，女友不堪忍受，严重时还惊动了警察。

一个男人的品性如何，不管他如何会掩饰，在他不经意的言行举止中，都会流露一二的。你可以学着从以下这些方面暗暗地观察他，如果发现他并不是最适合你的那个人，下一步的交往就要慎重了。

1.看他交的朋友

你不可能喜欢他所有的朋友，但如果你不喜欢他的大多数朋友，这就是提醒你，他不适合你。还有，男人结交一些女性朋友也不是坏事，这有助于他理解女性的特点，也表明他能与异性交流，如果他只有女性朋友而没有男性朋友你就要当心了。极有可能，这样的男人时常感到其他男性的威胁，他需要在异性面前坚定自己的信心。

2.看他如何对小孩

如果他嫌小孩麻烦，拒绝对小孩亲近，那他永远不会成为一个好父亲。如果他非但不讨厌小孩，还乐于与小孩交谈，甚至伏身听孩子说话，趴在地板上与小孩一起游戏，这男人无疑将成为一个好父亲，值得你与他发展关系。

3.看他对母亲的态度

对母亲不好的男人，你别去亲近他。男人对母亲的态度就能说明他对女性的态度。尊重母亲的男人，他同样懂得爱自己的妻子，可要注意的是，如果男人过分依恋母亲，言听计从，很可能缺乏独立性，这样的男人很少有男子汉气概。

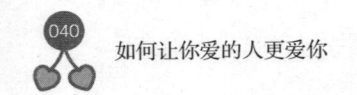

4.看他对待错误的态度

比如说在约会时他晚到半小时或一刻钟时,他便反复解释迟到的原因,这种男人你要小心了。一般人在犯错误时,多半有两种反应:一种是立刻向对方认错赔礼;另一种则是先做一番自我解释。前者是个性率直且比较体谅的人,后者则较为自私,凡事以自我为中心,凡事不愿轻易认错,还可能会把责任往对方身上推。

5.看他怎么穿衣服

男人不修边幅,顶多有些邋遢而已,可他如果对自我修饰过分讲究,可能有自私的动机和忽略女性的倾向。

有些男人爱过分地打扮自己,纯属一种自恋。也许因为他们太爱自己了,所以顾不上爱别人,甚至是自己的妻子。这种男性不单是为了吸引女性,同时也是一种自我满足的表现,对于身边的女孩,他很难拿出足够的真心和热情。

6.看他如何看待金钱

有的男人总是抢着付账,这并不能证明他大方,反而表明他想控制女友;而吝啬、小气的男人在情感方面,也注定斤斤计较。至于挥霍无度,经常透支,甚至负债累累的男人,你千万不可与他交往。

男人缺少知识可以学习,缺少金钱可以奋斗,但是如果他的品性有问题,和他相爱的女孩,将是最终的受害者。女孩幸福的爱情生活,应该从看透身边的男人开始。

好命的女孩，不是那种单纯得像一碗清水一样的少女。学习一些从细节上观察男人，窥探他们内心的技巧，可以让女孩的阅历更丰富，看人看得更准确。

识破"骗子男"，别被所谓的爱冲昏头脑

在我们身边，有不少打着爱的幌子却到处欺骗女人的男人，刚开始的时候，他们山盟海誓，说得跟真的一样，到最后，不是为财就是为了寻求某种刺激。作为女人来说，天性就是感性大于理性，很多时候，容易被爱冲昏头脑，以至于相信男人说的鬼话，到最后，吃亏受苦的是自己，才感到追悔莫及。因此，作为女人，应该警惕身边的男人，仔细观察其言行，以免自己上当受骗。

小娜刚刚大学毕业，在临近毕业的时候，她到了一家汽车公司做文员。在那里，她结识了司机阿华，看到清纯亮丽的小娜，阿华心动了。在轮番攻势下，小娜答应两人试着交往一段时间，在刚开始的时候，阿华出手阔绰，经常给小娜买衣服和零食，还请小娜的朋友去唱歌。闲聊之中，阿华对小娜承诺："我会让你成为世界上最幸福的女人。"小娜本来犹豫的心也定了下来，觉得阿华这人还是不错。

后来，在与阿华的朋友接触中，她渐渐了解到阿华这人

的神秘。每次小娜问到阿华的过去，他总是支支吾吾，要么就是不耐烦地说："又问那些事情，真是很烦啊！"小娜也就不问了，可回过头，她总是委屈地流下眼泪。在一次与阿华的朋友聊天中，小娜了解到阿华那些隐藏的秘密，原来阿华曾坐过三年的牢，而且，在老家，还有一个私生子，据说是因为跟一个女人鬼混而生下的孩子。而就在小娜与阿华相恋的这段时间里，那个女人还在阿华的老家照顾孩子，后来听说了阿华另有新欢的消息，才决然而去。

伤心欲绝的小娜回去后，质问阿华："这些都是真的吗？"没想到，一向好脾气的阿华满脸不悦，怒声吼道："这都是过去的事情，有什么好问的，如果你想了解，我告诉你这是真的。"伤心的小娜哭了整整一晚上，第二天就收拾东西离开了。

刚刚大学毕业的小娜单纯，容易相信陌生男人的话，而混迹社会多年的阿华正是瞅准了这样的心理，他隐瞒了不堪的过去，以此来欺骗小娜，而且，在小娜质问之后，他依然觉得错不在自己，恼羞成怒的他为自己巧言辩解。虽然，阿华并没有骗取任何具体的东西，但他欺骗了小娜的感情，而感情才是最伤人的。

那么，那些"骗子"男人身上到底有什么痕迹可寻呢？

1.满嘴胡言乱语

对有的男人来说，说谎就是吃饭一样简单频繁，他们习惯以谎言来掩饰自己的秘密。他们常常对女人说："我会让你成为最幸福的人""我家里很有钱,你不用工作都行",那时,被爱冲昏头脑的你不会细察,如果对方家里真的有钱,那么,他还会到处漂泊吗?这样的男人说谎的原因可谓是多种多样,等到你识破其谎言之后,他会为自己辩解:"我这样骗你,是因为太爱你,担心你会因此而离开我。"其实,这些都是谎言,他所有的目的不过是欺骗你的感情。真心对你付出的人,会坦白他的过去,不会故意隐瞒。

2.不切实际

有的男人明明平庸无比,逢人却说"我想创业""如果我来当经理,肯定会更好",自命不凡,他们对自己的前程通常抱有不切实际的想法。但是,现实生活就是这样,他依然拿着一个月两三千的工资,租着陈年的旧房子,对这样的窘迫现实,他却不采取有效的方法来修补。有时候,他们不屑于去工作,但是,自己所挣的钱却不够自己花。

心理学家认为,对女人来说,当自己在爱着一个男人的时候,会同情他,在他受伤的时候,会跟着伤心难过;在他痛苦的时候,也跟着痛苦。与此同时,自然而然地,你想帮助他解决问题,这样做不仅仅是为了他,也是为了自己。于是,在男人的花言巧语之下,你会借钱给他还债,可能会投资他所谓的工程,还有可能会让他住到你的家里,有可能为他买车买房,甚至,帮他寄钱回家。如果你身边的男人有这样的迹象,那么

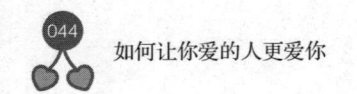

就应该警惕了,你需要仔细观察其内心,早日揭开其虚伪的真面目。

花心的男人有哪些特点

大多数女人都比较头疼男人的花心,因此,作为一名聪明的女性,决不能心慈手软姑息养奸。一旦你发现身边的男人有什么风吹草动,那就要仔细观察其行为,剖析其心理,看他是不是花心大萝卜。

下面,心理学家就告诉女性朋友们如何轻松地识别花心男人。

1.看男人在公众场合对你的行为

心理学家认为,假如你的男人在公众场合不愿意将你介绍给他的朋友,那表示他八成有问题。假如你们在一起逛街时正好遇到他的朋友,他不怎么愿意向朋友介绍,你可以要求他为你介绍,比如"不介绍一下?"这时女人需要注意他在介绍时使用的称呼以及他的表情,假如他还是一本正经地介绍,那你可以就此在他朋友面前和他做出一些亲昵的动作,观察他的反应,假如他主动配合你,那表示你在乎你;假如他有点僵硬,想撇开你的手,那表示他有点问题。

2.突击试探时的表情

心理学家表示,假如你发现自己男朋友最近行为有点可疑,那在你最有把握的时候可以突击试探"昨天,我的一个朋友看到你跟一位女生在一起?"假如男人心虚,那他的脸色会变,浑身激灵一下,会非常着急地问:"看见我在做什么?"

3.观察对方的日常行为

心理学家认为,女性朋友可以买一个礼物给他,叮嘱他经常把东西戴在身上,假如这位男人约会其他女人,那他就一定会将你送的东西取下来而换上另外一个女人送的东西,在这样的情况下,他免不了会出纰漏,比如忘记把其他女人送的礼物取下来,那你就可以观察到了。

4.观察男人接电话的行为

心理学家提醒,假如男人在和你约会的时候,假如他的手机没响,却一个人偷偷走到阳台去接电话,那大部分他都有不可告人的秘密。你可以找机会观察一下他手机上的留言或者电话,或许你会有所发现。因为和一个女人约会,另外一个女人的电话来了,这是忌讳,而那些花心的男人通常会改成振动模式。

5.观察其他女人对他的态度

据社会调查,花心男人经常是与身边熟悉的女人鬼混。对此,心理学家分析,花心男人比较狡猾,有时会伪装得很隐蔽,即便在他身边的女人也难以发现。不过,从你比较熟悉的女人身上却往往比较容易发现破绽与漏洞。女人通常对爱情有一种占有欲,与其他的女人分享一个男人是一件很痛苦的事

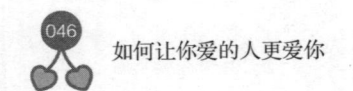

情。假如你发现有的女人对你的男朋友温柔而体贴,对你却躲躲闪闪,甚至有抵触情绪,那这表示多半是有问题了。

6.看他是否真的在加班

心理学家分析,为了抽出时间与其他女人约会,花心男人常常谎称自己要加班。这时你可以打电话到他的公司,看他是否真的在上班。当然,你可以让自己较好的朋友去做这件事,这样比较妥当一些。假如他真的不在公司,那你可以重新来认识你的男朋友了。

7.看他对"突击检查"的反应

心理学家认为,假如你的男朋友是花心男人,那他一定不愿意带你进他的家门,即使你主动要求去看他,他也会想办法拒绝你。这时你可以走到他住的地方楼下,打电话给他,解释说出来逛街正好路过,然后要求上门拜访他的父母。假如他慌忙地出言拒绝你,那表示他心里肯定有鬼,即便不是花心,也是难以让人信任的。

8.看他的消费情况

心理学家表示,女人不要开口问男人的钱都花哪里去了,只是需要静静地观察,注意他钱的去向,假如近段时间没有太大的消费,而他的钱包却空得很快,那就需要去查一查。有时候估计会在他口袋里发现消费的收据,假如那是较为适合男女约会的场所,那就值得怀疑了。

9.看他身上是否有残留的香水味

心理学家认为，女人通常都有自己固定的香水品牌，因此，假如有一天在他的身上残留了你认为陌生的香味，那就表示他可能与别的女人在一起了。可以说，这样的鉴别方法是较为古老的，不过却是比较有效的。

心理学家告诉女性朋友们，这些都是男人花心的通常表现，但这并不是说凡是有这样表现的人就一定是花心男人，比如身上有残留的香水也许是因为见了一位女客户呢。不过，依然可以肯定的是，假如在这十种表现中有五种行为同时出现时，那表示这个男人确实可疑，女性朋友需要小心为妙。

第03章

等待美好降临，爱情不能将就

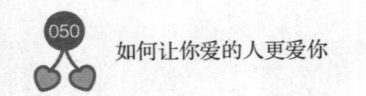

耐得住寂寞，别因寂寞而恋爱

从前乡下的袅袅炊烟是人们心灵的暖雾，有小桥流水、鸡鸣犬吠、夕阳和清风的陪伴，即使孤身一人，也从未觉得寂寞；如今高楼大厦、铜墙铁壁，用水泥铸就的城市似乎太过冰冷。工作在三点一线的圈子里，朋友少、知己更少，总有太多话只能说给自己。

有些女人说：寂寞就是这样一种无形的东西，挥之不去，叫之也不会来，却在你思想毫无遮拦的时候悄然而至，侵袭着你的心灵，躲之不及，无法回避，来了，就丝丝缕缕占据着你的心灵，必须用了全心去应对。寂寞就是一种毒，一种无解药的毒，深夜里莫名醒来，突然想哭，翻个身，才发现原来双人床是如此的大，你把身体蜷在被子的一角，不敢呼吸。

是的，人的一生中哪个没有寂寞？经历了岁月的洗礼，心灵的撞击，每个女人都或多或少有些伤感的事，有些难以对人启齿的事，有些只能埋在心中，自我解嘲的事。寂寞，就在心事的隐藏中变得愈加强烈，愈加可怕，有些女人选择了用恋爱来抗拒寂寞！

然而大多数女人在恋爱之后，却越发觉得寂寞，此时才发现，原来解除寂寞的方法并非找个人来陪伴那么简单。

心理学家说：为何要爱？爱是感觉，也可以是依赖，是欲望。有人可以纯粹不问回报去付出，只要不是盲目的，有分寸的话这种爱也许最美丽。有人因爱之名，要对方是自己的仆人，要对方为自己付出，或者相反，以为自己为对方付出一切是为爱，其实只是精神上依赖对方的存在证明自己并不孤独，这种所谓爱最普遍，也爱得不快乐。而欲望的爱，也是每个人面对自我时最常出现的状态，爱人，其实只是爱上人加上爱自己，而不是爱上那个人。我们多半是借别人满足爱自己的欲望，甚至透过所谓爱，想占有，改变和控制对方，这也是很普遍的爱的方式，却不等同爱。

其实寂寞只是一种状态，女人往往在孤独和空虚时给自己一种被人遗忘的心理暗示，从而更加深了内心的寂寞感，从此自怨自艾起来。想要克服寂寞，首先要使自己的精神充实起来，高涨的情绪会使人更多地感受到生活中的快乐，要知道一丝丝阳光便能驱赶一片黑暗，这阳光在每个女人的心中，只等待你的心窗打开。

五年前，一个心理学家的一位朋友失去了丈夫，从此，她再也没有逃脱"寂寞"之苦的煎熬。

"我该怎么办？"她丈夫死后一个月，她来找心理学家诉苦，"我应该住在哪里？我怎么重新获得快乐？"

心理学家告诉她，她的焦虑源于降临在她身上的灾难，她应该及时摆脱忧伤。并建议她赶快走出以往的灰烬，建立起新

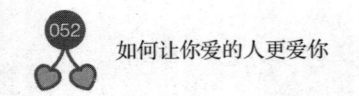

的生活和快乐。

"不,"她回答说,"我不会再有快乐,我已经老了,子女都结婚了,我无处容身。"

这个可怜的母亲得的是可怕的自怜症,而她又对这种病症的治疗方法不甚了解。

一次心理学家问她:"你总不会让人家老是同情你可怜你吧?你可以重新开始生活,认识新朋友并培养新兴趣,代替旧的。"

她只是听着,但是没往心里去。她太自怜了。最后她决定把快乐寄托在子女身上,就搬到女儿家里去住。

这是一次错误的决定,后来母女俩反目成仇。她就又来到儿子家,但也没有得到好结果。

她的子女只好给她弄了一层公寓让她自己住,但这解决不了根本问题。一天下午,她哭着告诉心理学家,她的家人把她抛弃了。

心理学家说:寂寞并不可怕,我们并不需要因此而感到忧伤,爱情是神圣而伟大的,它不是寂寞的附属品。

故事中的女人不是没有经历过爱情的小女孩,她经历过挫折也有过美好,却在失去爱人的时候选择了自我放弃。爱人或许可以陪伴我们走过漫长的生命旅程,然而大多数人还是一个人来一个走,寂寞是每个人身上共有的病,与其被它打倒,不如享受它、战胜它。

就像怀特博士说的："对上帝和同胞的爱都可以称得上是纯真的热情。有了爱我们就能对抗腐败的灵魂的侵蚀和摆脱宇宙的孤寂，培养出精神的气氛。"一个人只有努力创造出这种"精神气氛"，才能克服寂寞。

寂寞或许可怕，但寂寞绝不是放纵自己的借口，人生就像一次长途旅行，有人孤身上路，有人结伴而行，不管如何，能够享受到旅途中风景才是最重要的，寂寞是暂时的，只要心中有爱，爱总会到来。

不要为了寂寞去恋爱，时间是个魔鬼，天长日久，如果你是个多情的女人，即使不爱对方，到时候也会产生感情，到最后你怎么办？不要为了寂寞去恋爱，为了摆脱寂寞，有时总会随意找个人恋爱，这是对自己、对他人的爱不尊重的表现。这样的爱动机不纯，很难会有好的结果。寂寞时随意的爱，经不起任何的考验，这样不堪一击的爱，只会给双方都带来伤害，这种恋爱对象，只能说是给空虚的自己多找了个玩伴，为了寂寞去恋爱的例子，实在很多，网络恋情更是如此，有些人可以瞬间就恋上了，又闪电式地分手。恋爱的次数不少，但是真心的没一个，这种拿感情做游戏的人，心里只会更加寂寞。

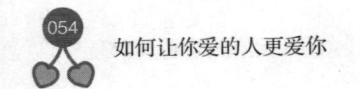

绝不将就，真爱值得你去等待

如果你迟迟遇不到合适的人，你会怎么做？是继续等待寻找一份情投意合的意中人，还是随随便便找个差不多的勉强一起生活？一个人如果到了适婚的年龄还没有找到合适的对象，往往会开始着急起来，一边恐惧自己没有很好的婚姻，一边到处"相亲"。殊不知，这种走马观花式的相亲效果并不理想，导致越急越乱，以至于失去了主见。朋友们，美好的爱情值得我们去等待，不要怕，爱情是一种遇见，总有一个合适的人在等着你的出现。

瑶瑶的男友人长得帅，家境也好，可惜是个纨绔子弟。虽然瑶瑶并不喜欢他，可耐不住一箱一箱的好吃的往家里送，嘴又很甜，瑶瑶的父母都说："你都快三十的人了，还挑什么？"他还很会打通瑶瑶的朋友，让她的死党们都替他美言。最终，他赢得了瑶瑶的感情。但两个人走到一起后，瑶瑶却渐渐发现彼此并不合适，结果两人以分手收场。这样，瑶瑶又回到了单身生活，没有任何失恋的痛苦，倒是有一丝终于解脱的快感。

后来，瑶瑶又碰到一位很关心自己的男人，这个男人叫张浩轩，熟悉之后，瑶瑶同意交往试试看，于是乎就答应过年时去张浩轩家看看。不得不承认张浩轩真的很爱她，去任何地方都希望带她一起去。瑶瑶努力说服自己，就这么凑合过吧，找不到自己爱的，那就找个爱自己的吧。可是自己还是会挑他的毛病，不斯文，太胖，还有点大男子主义，对于张浩轩，瑶瑶永远少了一份耐心和宽容。

一次，张浩轩说要给瑶瑶买套新衣服，选了很久，张浩轩看上的瑶瑶始终看不上，但瑶瑶还是顺着他的意思买了。当买鞋子的时候，他非要给瑶瑶买双高跟鞋，说是她穿起来肯定很漂亮。瑶瑶一米七零的身高，有着姣好的面容，平时根本就不穿高跟鞋，只是喜欢白色的球鞋。平时瑶瑶一直穿37号的鞋子，他却做主为瑶瑶买了一双36号的……

有一次，张浩轩的同学生日聚会，瑶瑶打扮得光鲜亮丽，无疑给他争得了不少面子，他看上去很是自得。回到家，瑶瑶的脚疼得厉害，不合脚的鞋子、不合腰的裤子，看起来很漂亮，其实好坏只有自己心里清楚。瑶瑶忽然间再也不想忍了，不想凑合了。她不想和这样一个自己并不爱的人度过一生，最后瑶瑶还是和他分了手，重新寻找适合自己的男人。

随后，瑶瑶终于明白了，爱情不可以将就，不要因为一些表象的关爱而失去了理智，凑合找一些不合适的人一起生活，这样对彼此都是一种伤害。终于有一次在朋友的婚礼上，瑶瑶遇到了她生命中的真命天子，那是朋友的同学，当时见面都印象不错，后来两人以朋友的身份时常见个面，一起约着出去玩，随后彼此发现对方就是合适的那个人，在一个合适的时间，男方对瑶瑶表白，然后两人幸福地走到了一起。瑶

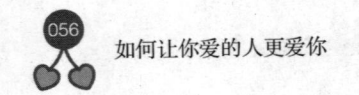

瑶当时的心情是喜悦的，因为她觉得她终于等到了那个对的人，她感恩自己没有继续凑合之前的感情，要不就永远遇不到现在的他。

很多人觉得要在自己最美丽的年华嫁出去，但是如果碰不到合适的我们难道还要凑合吗？婚姻是一辈子的事，如果不是跟自己喜欢的人在一起，那真的是一件很悲催的事情。千万不要为了一些无关真爱的原因而结婚，否则后悔药真的没地方买。

"不要在我寂寞的时候说爱我，除非你真的能给予我快乐，那过去的伤总在随时提醒我，别再被那爱情折磨。不要在我哭泣的时候说爱我，除非你真的不让我难过，我不想听太多那虚假的承诺，让我为爱再次后悔犯下的错……"这首歌相信很多人都听过，人生好似一场寂寞的旅行。可能正是因为这个原因，所以害怕孤独的我们总是企图从别人那里寻找温暖，不断尝试着在孤寂的人生旅途中得到心灵的安慰。爱情是需要等待的，等待一种遇见，等待一份相知，等待一份相守。所以，请不要为了身份地位、为了财富、为了年龄而去凑合一段情感，爱情最需要的是一份真心，爱情不可以将就。

懂得珍惜的爱情才会更加长久

周星驰在《大话西游之月光宝盒》里说过这样一段经典对白:"曾经有一份真诚的爱情放在我面前,我没有珍惜,等到失去的时候我才后悔莫及,人世间最痛苦的事莫过于此,如果上天能够给我一个再来一次的机会,我会对那个女孩子说三个字:我爱你,如果非要在这份爱上加上一个期限,我希望是一万年!"相爱是一件美好的事情,懂得珍惜的爱情才会更加长久,否则只会渐行渐远。所以说,如果相爱请不要错过,请不要让自己的任性把对方推走,失去对方的伤心只有你最懂。

董轩和小豆在大学时相恋,董轩比小豆大一岁,很疼爱小豆。所有的人都知道小豆有一个为她甘愿付出的男友。小豆嘴上不说,心里却是得意的。董轩身边也有很多优秀的女生追求他。而他却独独对小豆用情至深。

小豆知道董轩的好,但小豆是被父母宠坏的孩子,董轩就像是小豆父母的接力棒,父母不在身边时接着宠小豆,所以,小豆撒娇、任性,有时候蛮不讲理。每次他们吵架,董轩生气走开,但最后回头示好的总是董轩。

小豆每次也很难过,自己也会偷偷躲着哭,其实小豆是那么害怕失去董轩。

彼此相爱的人也不会永远不吵架,当矛盾发生的时候,那个主动伸出手的人就是感情的天使。小豆想,董轩就是那个天

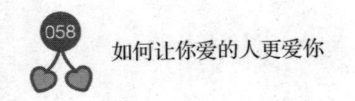

使吧。

转眼间校园恋情步入了社会，毕业后他们生活在了一起。小豆从小也不常做家务，于是对于这个小家来说她并不怎么搭理，董轩主动承担了大部分的家务，照顾小豆，一如既往地宠着小豆。

可是小豆却觉得，董轩开始干预她的生活了。某次小豆下班和同事聚会喝酒，一直到了后半夜，喝得是酩酊大醉，董轩大为震怒，当晚便睡到了另一个房间。

几天后的夜里，董轩主动拥住了小豆，说对不起。之后，他们的争吵不断，但每次都是董轩转身说对不起，虽然小豆觉得等待董轩转身的时间越来越长。后来有一次，他们为一件小事争吵后，董轩走出了小豆的房间。

时间就这么一天天地过去了，小豆等待着董轩回头。

一个星期后，小豆耐不住这种等待的痛苦，决定到外地几天，小豆想，当自己回来的时候，一切都会烟消云散了。她让自己在外地耐心煎熬了几个日夜，她希望回来的时候依旧能够看到董轩的身影。

可是当小豆回来时，却惊慌地发现，房间里已经没有了董轩的痕迹。董轩已经离开了这座城市。小豆没有想到董轩会采取这种决绝的方式。小豆知道自己是深爱着董轩的，那么多的争吵都是因为自己任性，不懂得珍惜。而董轩，是一直包容着小豆，扮演着感情的天使。小豆慌了，她坐在地上痛哭，她不知道到底怎么了，董轩为何这么冷漠地离开自己，为什么如此狠心？

不知不觉间几个星期过去了，小豆把这件痛心的往事讲给朋友妮妮听，仍然不明白为什么董轩会突然离去，而且她希望董轩还能回到她的身边，她会努力听话，不惹董轩不开心。

妮妮听了，突然说："当初你为何不转身呢？"那一刹那，小豆泪流满面，多么简单的一句话，可是当初为什么小豆没有转身呢？

每个人都需要被珍惜、被疼爱，即便他再坚强，可是小豆明白过来的时候一切已经晚了，他已经选择离开自己了。不要无尽地透支别人的付出与疼爱，他也会累的。请珍惜有缘人，遇到一个彼此相爱的人真的不容易，希望每一对恋人能够懂得什么是珍惜，彼此相知相守幸福地生活下去。

梁希和女友已经相恋三年了，可是他的女友却告诉他自己已经喜欢上了别人。分手后，梁希的人生似乎感觉到了低谷，他爱她、恨她、舍不得她，几年间梁希付出了全部的身心去对待他钟爱的女友，可如今她却离他而去。想到失去的痛苦、背叛的仇恨，梁希一直借酒消愁，总是一个人把自己封闭起来。同事米艾很久以前就开始喜欢他，可从未向梁希表白过，因为她知道梁希有个自己深爱的女友。

看到分手后的梁希如此沮丧，米艾便经常去陪他聊天，安慰他。一段时间后，梁希的心情好了很多，两人的关系看上去也亲密了不少，经常一起参加朋友的聚会，有时也会在周末结伴外出游玩。只是梁希从来没有向米艾表白过。米艾也不在意这些，她觉得总有一天梁希会走出低谷，捅破与自己的这一层窗户纸，两人会以爱情的名义顺利地走在一起。

半年后，梁希被公司派往广州，负责分公司的业务。米艾还留在原来的城市。分开后的梁希和米艾还是正常地发个信息，打个电话，彼此没有失去联系，但是彼此也没有什么超乎朋友的迹象。

梁希调走后不久，米艾鼓起勇气到广州看他。虽然深感意外，可梁希见到米艾后高兴极了，专门请了一天假和米艾一起到附近好好玩了一天。米艾此次来广州，主要是想借此机会向梁希表白她的真心。可是天公不作美，没有眼色的梁希始终不给她机会，最后还是把米艾送上了回去的飞机。而其实，梁希在看到米艾后，也是心跳加快，但梁希仍旧什么都没有说。

米艾在回家的车上心想：梁希的眼光始终向着别的地方，可能他仍旧放不下之前的那段感情，既然这么久他也无法喜欢自己，或许自己真应该放弃了。米艾不得不决定打消念头，忘掉梁希和有关他的回忆。

梁希和米艾在三年之后重新相遇，这一次，梁希鼓足勇气向米艾表白，这时才知道米艾其实是一直喜欢着自己。多么幸运的两个人，还好三年的时间里他们都没有走入婚姻的殿堂，一对相爱相知的人终于走在了一起。可回头看看，他们两个竟然错过了三年。

两个人的爱情，是这般幸福美好。所以，不要等到爱情失去后，才想到去珍惜，爱情不会站在原地兀自等你。每个人的生命里，都会遇到很多人，而有几个是深爱自己的人？又有几个是你深爱的人呢？一段好的姻缘真的是非常珍贵，多少次的擦肩而过才能换来今生的为爱守候。如果有幸遇到了，请将爱情牢牢绾结在手，铭刻在心。

爱情，要经得起平淡的流年

琳琳和阿龙是在相亲的时候认识的，当时两个人也算是情投意合，脾气也合得来，交往了半年之后就踏进了婚姻的殿堂。但是婚后的生活却不像想象中的激情四射，而是平淡得出奇，这让琳琳感到异常郁闷。

一天下班，琳琳急急忙忙回家，不小心踩空摔到了尾骨，当时真是疼得不得了，可是琳琳不想麻烦阿龙，毕竟阿龙的工作也很忙，于是她就硬撑着一步一步地走回家。回到家之后，琳琳才发现自己的腰和屁股怎么动也不舒服，吓得琳琳急忙给阿龙打电话。听到琳琳哭诉着摔伤的事，阿龙气急败坏地骂道："一次次叮嘱你走路要小心，不要着急忙慌，这下好了吧！上次磕到膝盖刚刚好了没几天，今天你摔了，跟你说话你能不能记心里,我看你直接改上托儿所得了。"琳琳一边哭一边听阿龙的训斥,一边还听到阿龙在那边招呼司机,"师傅快一点,我有急事,我老婆摔倒了。"

阿龙回到家里,看见哭丧着脸的琳琳,又是一阵痛骂:"你这个人简直给我添乱的,比我小三岁,感觉我像是整天伺候闺女似的!哎呀我上辈子是不是欠你这个臭丫头的啊!每天上班都让你吓得提心吊胆,你能不能饶了我啊亲爱的!"边说边背着琳琳着急忙慌地往医院跑。

每次琳琳出点小意外,琳琳都会受到阿龙怒气冲冲的指责。琳琳对于阿龙的训斥和责骂,是十分厌烦的。每次听到阿龙的指责都感到气愤,她多次提出抗议,但阿龙却置若罔闻,于是她只好采取沉默战略。可是静下心来听着阿龙的骂,琳琳感到不生气了,反而生出一种幸福感来。慢慢地琳琳发现,阿龙的骂中包含着对她浓浓的爱,去医院的时候阿龙不是搀着自己,就是满头大汗地背着自己跑这跑那,眼前的阿龙好像是又着急又害怕的孩子一般。而且琳琳受伤的那段时间,阿龙尽管骂不离口,但是从早餐到晚餐,都是阿龙做好了之后,端到床边,等琳琳吃完,然后收拾干净。怕琳琳一个人在家无聊,尽量不加班,吃完饭后还会背着琳琳去楼下的小花园吹吹风。听着阿龙粗重的喘息声,琳琳的心沉浸在幸福之中。

等到伤好的那天,当琳琳双脚落地,她说:"终于可以下地走路了,瞬间感觉自己好幸福啊!"这次阿龙没有骂琳琳,而是用一本正经的口气说:"不要怪我骂你,骂你是担心你,说明你这个臭丫头在我心中的地位有多重。"

时间长了,两个人在一起终究会归于平淡,过着柴米油盐酱醋茶的日子。或许你嫌弃已经缺少了之前的甜蜜,缺少了浪漫,缺少了柔情。其实,只不过是在男人的包容,在女人的体贴,在两人风雨同舟、相濡以沫的平淡岁月中,爱情早就已经变为亲情,变得内敛,变成一种更加深厚,更加纯粹的东西。

一直以来,晴晴都想过一种浪漫的、有情调的生活,但是,她的老公阿勇却是一个沉稳内敛、不善表达的人。随着时间一点点地过去,晴晴觉得阿勇不是自己合适的那个人。终于,晴晴向阿勇提出了离婚,她告诉阿勇自己不想就这么平平淡淡地过一生。

在去办理离婚手续的路上,也许是因为心情不好吧,沉默不语的阿勇总是唉声叹气。晴晴就是看不惯他这种窝囊的样子,因此不由得说:"阿勇,你能不能不要这个样子,我真的是受够了你。"阿勇的情绪更加低落了。在十字路口,突然之间,一辆拉着渣土的大车闯了红灯,冲着他们飞奔而来。情急之下,阿勇下意识地打轮、刹车,然而,灾难还是发生了。晴晴不知道自己是如何进医院的,醒来之后,她看到爸爸妈妈守在自己的身边。看着爸爸妈妈哭红的眼睛,晴晴想了很久才想起来车祸发生之前的事情。她问:"阿勇呢?"听到晴晴的话,妈妈哭泣着出了病房,爸爸告诉晴晴,在危急关头,阿

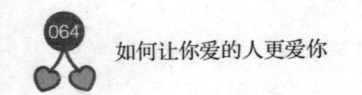

勇为了保护晴晴，自己受很重的伤还在躺着呢！当时，只要阿勇向反方向打轮，按照常规的下意识打轮，那么，现在昏迷不醒的也许就是晴晴了。保险公司的人说，阿勇打轮的方向很奇怪，一般人在危险关头总是下意识地保护自己，但是，阿勇的做法截然相反。

得知事情的真相之后，晴晴突然意识到，阿勇才是这个世界上最爱自己的人。虽然他不会说花言巧语，也不会给晴晴买贴心的礼物，但是他愿意以自己的生命为代价去保护晴晴。在晴晴的精心照顾下，经历了半年之久，阿勇终于康复了。之后晴晴终于明白了爱的真谛，平平淡淡才是真。

爱的最高境界是什么？爱的最高境界不是山盟海誓的许诺，不是轰轰烈烈的激情，不是"愿为对方而死去"，而是历经了岁月的冲洗却依然能像当初那样关爱着对方。人生就是这样，当我们在友情中发现了爱情，在爱情中发现了亲情，在亲情中又悟出了友情和爱情，或许我们才能真正理解：爱情，就要经得起平淡的流年。

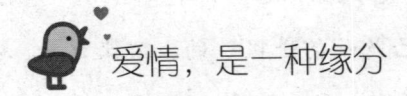

爱情，是一种缘分

张爱玲的著名散文《爱》中有这样一段话：于千万人之中遇见你所要遇见的人，于千万年之中，时间的无涯的荒野里，没有早一步，也没有晚一步，刚巧赶上了，那也没有别的话可说，唯有轻轻地问一声："噢，你也在这里吗？"假如人生没有错过，假如爱情没有遗憾，在最美好的岁月我们与爱的人顺其自然般相遇相知，一起走过所有的风景，你也在这里，我也在这里，这便是我们最期待的缘分，对的时间与地点遇到对的你。

小艾与佳佳是大学时期的好朋友好闺蜜，都28岁了仍然没找到合适的人，于是她们在父母的催促下也加入了相亲大军，希望抓住青春的尾巴，走进婚姻的殿堂。这一次是佳佳相亲，对她来说，这已经是她的第9个相亲对象了。为了给自己一些鼓励，佳佳叫上了小艾，让小艾替自己把把关。于是她俩约定周六上午在必胜客门口碰头。

结果到了周六，天竟然下起了大雪，外面真的是非常的寒冷，道路非常的滑，小艾搭乘的出租车走得是非常慢，路上又堵车堵得厉害。眼看离必胜客店也不远了，车却堵得没法前进了。小艾心急，就提前下车打算走过去。可是路很滑，小艾还没有走上人行道，脚下一滑，差点摔倒，多亏旁边有人扶了她一把，才没有摔倒。小艾抬头说了一声"谢谢，没事的"。于是小艾就走到路边坐下来揉了揉脚，这才发现自己的脚给扭伤了。小艾一看时间，马上就要迟到了，就赶紧忍着脚痛一瘸一拐向必胜客店赶去。

佳佳和相亲对象早就到了，而且他们聊得很投机。他们两个人看见小艾匆匆地赶了过来，都冲着小艾笑了笑。佳佳的相

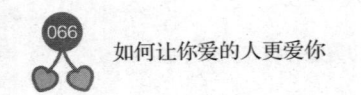

亲对象还问小艾："你的脚没事吗？"小艾听了有点丈二和尚摸不着头脑，佳佳这时则惊讶不已，瞪大眼睛看着他们。

小艾看了看佳佳的相亲对象，她觉得很惊讶，原来这个相亲男就是刚才在马路上扶了自己一把的那个人。这时候，小艾突然有点不好意思了，没想到竟然这么巧。

等到相亲结束后，小艾问佳佳对那个人的印象，佳佳说："不是我喜欢的类型，不过感觉我跟他可以成为哥们，不过感觉这个人好像对你挺感兴趣的哦！"果不其然，在当天晚上小艾就收到了那位相亲男的短信：小艾，我其实挺喜欢你这种类型的女生。

于是，小艾的爱情就这样在不经意间开始了。现在，小艾已经享受到了甜蜜的爱情。小艾偶尔还会问佳佳："我这样做你不会生气吧！"佳佳每次都微微一笑："这是缘分，关键的是他也不是我的类型，傻丫头，这么巧合地撮合了你们两个，我替你高兴还来不及呢！"

爱情，有时候就是一种缘分，是一种不期而遇的邂逅。有时候，在一个微妙的时间和地点不知不觉间它就走入了我们的生活。沈从文写给妻子张兆和的书信里有这样一句话："我这辈子，走过很多路，经过很多桥，看过许多次数的云，喝过很多种类的酒，最幸运的是能让我在最好的年纪里爱上了最适合的人。"这不正是天下人所期望的机缘吗？如果遇到了，那就好好地珍惜，让爱在彼此的心中不断成长。

志同道合，婚姻才能稳定幸福

人们对婚姻都是经历了从憧憬到迷茫再到理智的思考过程，从不否认婚姻中爱情的伟大和纯真，但爱情绝不是婚姻的全部。两人相爱可以是单方面的，可以无偿付出，可以昏天黑地，有情饮水饱。但是，婚姻不同，它是两个人共同的事业，是两个人并肩作战的合作，是两个人用心经营的成果，是两个人一生无憾的牵手，是两个人志同道合的选择！

第一次与丈夫王民相遇，艳红正在读大三，而丈夫在读大二。这时，大三的艳红被老师安排到了王民所在的系里做辅导员，身为团支书的王民因此有了和艳红接触的机会，两个毫不相干的人生轨迹出现了交叉点。

艳红在做了辅导员之后，认识了王民，一次偶然的机会，两人东拉西扯地聊天起来，她发现刚开始他有点紧张，后来，两个人慢慢放松了下来，竟然谈了很长时间。他讲起了他周围的事情，也谈起了人生，她很惊喜地发现他是那么单纯正直，同时，也很诧异他很多观念竟然和自己如出一辙。这次交谈拉近了他们心灵的距离，他们的接触逐渐增多了。他们都意外地发现对方竟然和自己如此志同道合：同样喜欢古诗词，同样喜欢书法音乐，同样喜欢文学写作……就这样，浪漫的爱情开始了。

恋爱后，他们常常结伴出游，旅行时的心情要比眼中的美景更印象深刻。一次，他们坐船回来。深夜里，只听得到水流的声音，这时的船仿佛一个大摇篮，摇得很多人跌入了梦乡。而王民和艳红却很清醒，他们悄悄来到了甲板上，披着床单席地而坐，四周一片漆黑，所能看到的就是夜空中闪烁的星星，志同道合的他们就着星空聊起古诗、对起诗词来了，忘我得仿佛世界上只剩下了他们两个人……

　　一晃几年过去了，结婚便成了顺理成章的事情。有人说，婚姻是爱情的坟墓，但是，他们俩却用事实证明了志同道合的爱情在婚姻中的历久弥新。他们常常会有心有灵犀的感觉。一天，艳红半夜醒来，一时不能入睡，就想起了白天看到的一款手机，觉得真的很漂亮，想着想着，脱口而出了一句："那款手机可真漂亮啊！"她本以为丈夫已经睡着了，可是，没想到王民也笑着说："我也在想那款手机呢，没想到你和我一样！"还有一次，丈夫在外地出差，思念他的艳红给他发了一条短信，没想到同时丈夫的短信也来了，原来竟能隔着空间心灵感应。

　　如果这样继续下去，那么他们的幸福也和其他家庭的幸福雷同了，可是，他们是一对有着共同梦想的夫妻，为了心中共同的愿望，他们相互影响，相互支持。王民从小就有一个律师梦，这种愿望随着年龄的增长反而愈加强烈，所以，他在结婚后，报考了法律专业自学考试，和丈夫志同道合的艳红也和丈夫一起并肩作战，参加法律专业自学考试。刚开始参加自学考试时，他们碰了一鼻子灰，丈夫一门也没通过，而艳红也只通过了一门，他们很沮丧，甚至想放弃了。在看到一位朋友报考了5门竟然有4门都通过时，夫妻俩的倔强劲儿就上来了："我们为什么就不可以通过呢？我们一定也行！"于是，他们又互相鼓劲向梦想冲刺。

为了找资料他们常常要逛很多的书店，为了准备考试，他们常常在深夜里埋头苦读，困了就拿冷水洗脸。夫妻俩一人一个房间，互不干扰，却也相互勉励。谁能相信已经安定的婚后生活可以过得这样辛苦呢？因为有爱，因为志同道合，他们能一起努力，心反而贴得更近了。终于，他们都顺利通过了法律专业自学考试。自学考试虽然通过了，可一年一度的司法考试还在等着他们。夫妻俩一鼓作气又开始了看书、查资料的学习生涯。经过一个又一个苦读的夜晚之后，丈夫终于通过了司法考试，而艳红最终也成为了一名执法人员。

因志同道合而结合的王民和艳红感情基础更加牢固，双方的世界观、人生观、价值取向、爱情婚姻观相同，甚至在性格上也有相似或相近之处，能做到优点共勉、缺点相容或包容，有类似的人生经历，共同的奋斗目标或追求，所以他们的感情牢固坚贞。

和志同道合的人婚后感情能更加深厚，因为两人能用心经营、求同存异，一切为了爱，为了共同的责任和义务而共同努力，奉行"事业支持家庭,爱情保障婚姻,爱心永葆幸福"的婚

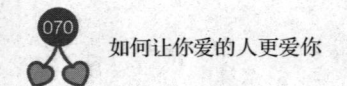

姻理念，事业上互相支持、互相鼓励，生活上互相关心、互相体贴，情感上互相理解、互相满足。从而成为事业上的好战友，生活上的好伴侣，情感上的好榜样，婚后的感情自然是坚不可摧！

第04章

了解彼此的情感诉求，才能让爱更如意

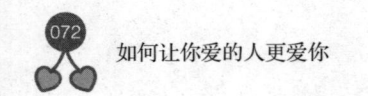

拒绝敏感，爱情里需要点迷糊

有人说，不敏感的人往往无法细致地品尝爱情的滋味。我们说，敏感的人更得不到爱情的青睐。真正美好的爱情，是细致入微的，也是装傻充愣的。经常有人自诩眼里揉不得沙子，殊不知，爱情之中真的有很多沙子。假如你太过敏感，就会被这些沙子伤得遍体鳞伤。只有忽视这些沙子，你才能尽情享受爱情的美好。首先，你的恋人一定不是完美的。这个世界上没有任何人是完美的，即使是你的爱人也不能例外。其次，你们的爱情一定不是完美的，总会有很多的瑕疵存在。假若你过分敏感，就会始终盯着爱情的瑕疵，而无暇享受爱情的喜乐。

拒绝敏感，你也就消除了爱情的天敌，这样才能尽情享受爱情的滋味。尤其是现代社会，人们变得越来越现实，爱情往往与车子、房子、收入绑在一起，让爱情逐渐失去了本真的味道。在这种情况下，我们更要珍惜得来不易的爱情。一旦找到真正属于自己的爱情，就千万不要因为敏感，错失爱情。

自从大学毕业后，艾米就留在上海，想要努力打拼，在上海立足。刚毕业的那几年，一则是忙于工作，二则觉得自己年纪还小，所以艾米始终没有把终身大事提上日程。眼看着已经28岁了，艾米这才开始考虑终身大事。因为是做行政工作的，艾米的工作涉及的人很少，只有本公司的员工。也因为性格内向，艾米很少有机会与其他男性接触。直到现在开始急着找对象，艾米才知道原来想找一个合适的人谈恋爱也是很难的。

一次，一位同事给艾米介绍了一个上海的男孩。据说这个男孩条件很好，艾米不禁有些犹豫：他是上海人，我是苏北农村的，他能看上我吗？考虑到双方门不当、户不对，艾米有些犹豫，不想去相亲。但是同事极力推荐，并且说艾米如果不去相亲，肯定会错过今生的幸福。在同事的极力坚持下，艾米只好如约前往。见到男孩，艾米果然怦然心动。这个男孩又高又帅，看起来白白净净、文文雅雅。在交谈一会儿之后，男孩问艾米："你的老家是哪里的？"艾米一下子想到自己偏僻的家乡，不由得嗫嚅道："在苏北农村。"男孩又问："以后，你需要把父母接过来吗？"听到这句话，艾米对男孩的好感突然间荡然无存，她暗暗想道：这才八字没有一撇呢，就担心我父母的养老问题要依赖我了！想到这里，艾米毫不客气地说："当然，我不久之后就要把父母接过来，让他们颐养天年。"男孩又问："那你买房了吗？他们来了住在哪里呢？"艾米有些生气，找了个借口与男孩告辞了。后来，艾米再也没有联系过男孩。其实，艾米不知道，男孩之所以如此关切地问这些问题，只是因为他家里有一套空闲的房子，而他很愿意把这套房子借给他一见钟情的艾米居住。不想，过于敏感的艾米在没有听完男孩的意图时，就心生恼怒地结束了谈话。她，不知不觉

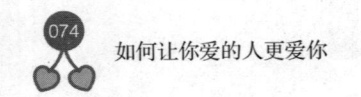

地错过了一位优秀的男孩。

艾米是非常敏感的，面对爱情，她更是极度敏感。其实，对于相亲结识的男女朋友而言，因为此前从不了解，所以对方问一些问题是很正常的。如果不迈开相互了解的第一步，又如何能够做到真正地知心呢！遗憾的是，艾米的过分敏感让他们拥有良好开端的相识戛然而止。

对于爱情的过分敏感，还表现在很多方面。例如在相处的过程中，你因为在情人节没有收到对方的礼物，或者对方在下雨的日子里没有撑着伞去你的单位门口接你，就勃然大怒。实际上，真正的爱情并不体现在这些形式主义的事情上，我们应该把敏感用于体会对方的爱，而不是挑剔对方的缺点和不足。金无足赤，人无完人，我们每个人都要以宽容和理解真心对待爱人，爱情之花才能常开不衰。

多与爱人沟通，读懂对方的情感诉求

很多人都抱怨自己一直找不到心灵相通的爱人，也找不到让自己满意和欢喜的爱人，这是为什么呢？难道不是在爱情面前人人平等吗？难道爱情不是对每个人都一视同仁吗？其实，要想得到使自己满心欢喜、心满意足的爱情，也很简单。首先，我们要了解自身的感情诉求，扪心自问：我想要找到怎样的爱人？我对我的爱人有何需求？我希望我的爱情是怎样的？其次，我们还要了解对方的情感诉求，内容也同上。毋庸置疑，唯有当你的需求与对方的需求相吻合时，你与对方的相处才会和谐融洽，你们才能产生心有灵犀一点通的感觉，你们之间也才会更加彼此珍惜和珍视。举个简单的例子，如果一个男人喜欢追求刺激和冒险，但是找到的爱人却只喜欢宅在家里，享受生活的宁静和安详，那么他们必然缺乏共同语言，也会因为思想和行动上完全不合拍，导致彼此漠视，关系渐行渐远。反之也是如此，假如一个女人只追求金钱和物质上的享受，而不喜欢柏拉图式的爱情，那么她只适合找个富豪在一起，而根本不适合与注重精神恋爱的男性长期交往。

生活中，人们常说一个萝卜一个坑，意思就是说每个人都应该找到最适合自己的人生伴侣。否则，一旦人生观、价值观等不同，即便勉强在一起，为了恋爱而恋爱，最终也会貌合神离，导致爱情半途而废，或者造成人们终生的痛苦不安。

自从结婚之后，露娜觉得自己就像鱼儿搁浅岸边一样，越来越没有自由呼吸的空间。诸如，有天晚上露娜和闺蜜相约一起去吃小龙虾，刚吃到一半，也就八点多吧，露娜老公林峰就把电话打来了："宝贝，你在哪儿呢？快点儿回家吧！"当着闺蜜的面，露娜只好搪塞："亲爱的，我们正吃着呢，你乖乖在家哈，我不用你接，现在天也不晚。"挂断电话之后，没过半个小时，林峰的电话又打来了，虽然林峰努力压抑着焦急，露娜却不耐烦起来，接电话之后说了句"别烦"，就直接挂断了电话。露娜没想到，这才仅仅是开始，等到她回家之后，林峰更是追问和谁聚会，有没有男的，种种无聊的问题。露娜忍无可忍，和李峰吵了起来。

有一次，露娜和同事们一起去青岛出差，因为担心露娜红杏出墙，林峰居然在没有告诉露娜的情况下，也来到了青岛，还入住露娜和同事们入住的酒店。就这样，原本计划和同事们一起去看青岛夜景听海浪声的露娜，不得不陪着林峰，被要好的同事狠狠地笑话了一通。为此，露娜和林峰又是一番唇枪舌剑。后来，露娜实在无奈，只得给林峰下了最后通牒：虽然我嫁给了你，但是我依然需要自己的空间，假如你总是这样咄咄逼人，我只能选择彻底自由。林峰痛定思痛，也意识到或许还是需要给露娜空间的，因而极力收敛自己，这样才最终维持和露娜之间良好的关系，获得了婚姻的幸福。

如果林峰不改变，原本和露娜感情很好的他，一定会因为对露娜不留应有的空间，导致露娜最终离他而去。所谓生命诚可贵，爱情价更高，若为自由故，两者皆可抛。尽管我们都追求美好的爱情，但是自由对于每个人而言都是不可失去的。即便两情相悦，也依然需要彼此的空间和自由，幸亏露娜与林峰及时沟通，才避免了婚姻关系的进一步恶化。

不管是爱情还是婚姻，都要以彼此尊重、相互平等为基础。倘若爱情变成了自私的占有，那么爱情的魔力也会消失殆尽。毕竟，很少有人为了爱情而失去自由，只有自由的人生才能更加畅意。朋友们，要想与爱人水乳交融，就要从现在开始努力读懂爱人的情感需求，也可以多多与爱人沟通，了解爱人的情感诉求。凡事只有有的放矢，才能事半功倍。

从肢体语言解读爱人心思

在人与人交往的过程中，除了借助于语言进行交流和沟通之外，面部微妙的表情、无意识的肢体动作，也都是语言的另一种形式。尤其是在语言无法明确表达出来的情况下，我们更要捕捉他人的这种微妙语言，从而深度解读他人的心意。不仅普通的人际关系如此，爱人之间的相处也同样如此。而且因为爱人之间的关系相较普通的人际关系更加亲密无间，还有一些肢体接触，因而爱人之间的肢体语言往往更加丰富且微妙，我们必须非常用心观察，才能准确洞察爱人的心思。

在彼此相互爱慕却没有明确挑明心意的情况下，人们的肢体语言会有不自觉的倾向性，诸如看似无意的指尖触碰，漫不经心地拍拍打打，这些都能表明当事人的好感，帮助我们揣度当事人的心思；再如，假如彼此已经情投意合，那么对方的欢喜你自然能够看出来，有的时候对方却也因为不好意思或者羞涩，无法明确表达自己的心意，这时也可以从对方嗔怪的神情中读懂对方心思，或者对方还会非常埋怨地推搡你，实际上却是好感的表示。总而言之，爱人之间肢体语言是非常丰富且细致入微的，我们唯有用心，才能准确解读爱人心思，也使得彼此的关系更加推进一步。

第一次带平平回家，小凤是很紧张的。因为平平并不是普通的女孩子，而是大城市里富贵人家的娇娇女，小凤却家在农村，且家境贫寒，因而小凤很担心平平会因此而不高兴。没想到，去到农村的准婆家之后，平平一改大小姐娇气的作风，居然还主动给小凤妈妈打下手。当天晚上，小凤妈妈拿出了当年小凤奶奶给她的传家宝——一对古朴的金镯子，想要送给平平。原本小凤担心平平不会把这对镯子看在眼里，没想到当看到镯子且细细把玩之后，平平又不舍地把镯子还给准婆婆，说："阿姨，这么贵重的东西，您还是自己留着吧，我不能接受，实在是太贵重了。"看到平平忸怩的样子，小凤就知道平平肯定是喜欢的，因而从妈妈面前的桌子上拿起镯子，给平平戴上，说："妈妈给儿媳妇的，你就拿着吧，戴上可就跑不了啦！"平平笑靥如花，对准婆婆千恩万谢。

事后，小凤问平平："平平，你难道真的喜欢那对镯子吗？你有很多铂金的镯子啊，样式也比这个新颖得多。"平平撒娇地说："当然。这对镯子虽然古老，也不时尚，但是意义非同寻常。你妈妈把它送给我，就说明她认可和接受我了。我相信，我会成为她的好儿媳的。"听了平平入情入理的话，小风激动地把平平拥抱在怀里，喃喃自语："遇到你是我的幸运！"

在这个事例中，小风看出来平平是真心想要接受镯子的，因而没有顺着平平的话推辞妈妈的礼物，而是亲手为平平戴上了传家之宝。虽然平平与他还未结婚，但是这恰恰意味着平平已经接受了婆婆，也得到了婆婆的认可和宠爱，可谓皆大欢喜。

彼此真心相爱且心意相通的爱人之间，哪怕是一个微小的眼神，也能够深深读懂对方的意思。这样的感觉无法用语言形容，是不言而喻的。朋友们，让我们也更加细致入微地观察爱人，了解爱人的心思吧。当有一天你们不再需要凡事都说出口，你们之间的爱情一定是到了最佳的火候。

两性关系中，高情商才能圆满处理各种问题

恋爱中的男女如果有一方情商很高，那么爱情关系的处理就会显得更加圆滑融洽。当然，如果双方的情商都很高，则爱情一定会春暖花开。与其恰恰相反，假如恋爱中的男女情商都很低，则爱情关系一定剑拔弩张。可以想象，在爱情之中，两个原本陌生的男人和女人关系变得无比亲密，在这种情况下，他们必然相互依靠，好得如同一个人一样。问题也接踵而来，

过于亲密的关系给爱人之间的相处带来了更大的难度，就像嘴唇和牙齿的相互依存一样，也会时不时地牙齿咬到嘴唇，更何况是原本陌生的爱人之间呢！他们不但脾气性格迥异，而且成长经历、教育背景等也都截然不同。在这种情况下，相处怎么会完全融洽呢？矛盾和纷争是必然的，磨合的过程也是不可避免的。因而我们说，情商对于两性关系的影响非常大，不容小觑。

有人说恋爱就像重感冒，也有人说恋爱就像在天堂和地狱之间徘徊。要想维持好两性关系，我们必须提高自身的情商。诸如当爱人有些小小的不如意，与其一味地否定和拒绝，不如换一种方法委婉地改变恋人的想法，这样一来，恋人也能保留面子。再如，当你与爱人遇到观念意见不统一的时候，不如想出说服的好方法，而切勿强迫爱人一定要接受你的观点和态度。毕竟每个人都有自己的主见，谁也不要过于强迫谁，求同存异，这才是爱人相处之王道。此外，与爱人相处时还应该保持一颗同理心。所谓同理心，就是能够设身处地地站在爱人的角度考虑问题，为爱人着想，哪怕是要否定爱人的观点，也可以先肯定，再否定，给爱人一个缓冲的时间。当然，人与人之间的相处总是状况百出的，尤其是爱人之间因为关系亲密，遇到的问题也就更加琐碎复杂。我们唯有随机应变，坚持与爱人相处的和谐融洽原则，才能最终圆满处理各种问题，使爱情变得更加深厚甜蜜。

丽丽和张骞已经恋爱一年多了，如今已经到了谈婚论嫁的阶段。为了双方儿女的婚事，两家的老人也进行了正式会晤，商讨孩子们的婚姻大事。丽丽的妈妈按照自家的风俗，提出了要十万元彩礼。听到丽丽妈妈的这个要求，张骞妈妈当然不愿意，她觉得丽丽妈妈就是无理取闹，想要乘机卖女儿。为此，她们之间产生了矛盾，第一次见面虽然表面上很和谐，其实双方妈妈都很不满意。

张骞也的确知道父母在为他购置婚房之后，已经没有多余的钱给彩礼了。为此，他对丽丽好言好语："亲爱的，你也知道我父母都是工薪阶层，为了给咱们买房子已经倾尽所有。我是这么想的，你妈妈要彩礼当然也无可厚非，毕竟这么辛苦养大的闺女就这样给我当媳妇了。你问问妈妈，看看彩礼问题是否可以缓一缓，毕竟咱们现在的头等大事就是把小家安置好，让每个参加婚礼的人都羡慕你有个美好的家，也有个完美的婚礼。至于彩礼么，咱们结婚以后我慢慢挣，不管什么时候只要丈母娘张嘴，我绝不赖账。"听了张骞的话，丽丽也陷入深思：毕竟结婚的所有事宜都是张骞父母出钱操办的，的确也没有理由再要这么多的彩礼。丽丽决定还是做自己妈妈的工作，归根结底，女儿的终生幸福不比彩礼更重要么！

后来，丽丽主动去给妈妈做工作，把其中的道理细细讲给妈妈听，妈妈也就释然了："傻闺女，我要彩礼还不是为了你，难道我和你爸爸还真穷得借着闺女结婚的机会乘火打劫

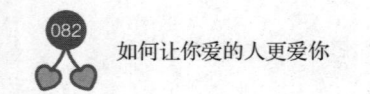

吗？既然你这么说，那就不要了，你和张骞把日子过好，就比什么都强。"得到这个皆大欢喜的结局，丽丽高兴极了，张骞妈妈心里的疙瘩也迎刃而解。

毫无疑问，张骞的情商还是很高的，他不愿意因为彩礼的问题导致双方父母心中郁结，因而主动承担起给彩礼的重任，在这种情况下，如果丽丽和妈妈还不理解，那只能说她们不识大体了。也正因为张骞对问题的圆满解决，他和丽丽的婚姻大事才圆满幸福。

朋友们，你的情商如何，是否也曾在爱情和婚姻中遭遇难题呢？其实，任何问题都有相对圆满的解决方案，只要相爱的人多多用心，彼此体谅，最终能够让爱情之花常开不败。

没有成熟的心智，根本无法经营出幸福的婚姻

对于爱情，每个人都有自己的理解；对于爱人，每个人也有自己的相处方式。幸福美满甜蜜的爱情，是每个人的追求。对此，我们必须更加理解爱情，也更应该知道，如何与爱人友好相处。

根据人们感受和相处方式的不同，自古以来就有无数种对爱情的诠释。有些爱人之间举案齐眉，从不吵架；有些爱人就喜欢打打闹闹，似乎只有这样才能帮助他们更好地加深感情；

有些爱人彼此之间不喜欢过多地干涉对方，因为他们觉得干涉会让爱情不自由，而自由自在才是他们一心一意追求的……总而言之，每个人表达爱和感情的方式都是不同的。但是，无论你采取怎样的方式对待爱情，都有一点是肯定的，即幼稚的爱情，不可能给予你幸福的婚姻。

爱情与婚姻，虽然有着不拘一格的先后传承关系，但是爱情与婚姻之间并不能划上等于号。有些人，穷尽一生都在追求极致的激情，却不愿意走入婚姻的殿堂。有些人，只希望能够拥有平淡踏实的日子，这样才能静享岁月美好。归根结底，爱情并不意味着婚姻，美好的爱情也不一定会拥有幸福的婚姻。如果是爱情是飘浮在天上的，则婚姻是脚踏实地的沉淀。当你在爱情中燃尽了自己，却又变得在婚姻的柴米油盐酱醋茶中无能为力。现代社会，还有些卡哇伊的女孩，对于爱情总是自私地占有和享受，却不懂得什么才叫责任与付出。如此也导致她们的爱情非常幼稚，让人很难接受。

在恋爱期间，吴真就是个特别哆的女孩子。当时，她的男朋友冯云以为她就是这样的性格，而且还很爱撒娇，也就不与她计较，想着她一旦结婚之后，肯定会有所好转。不想，结婚之后，吴真不但没有任何收敛，反而变本加厉。

诸如，吴真每天回家后，都只会抱着薯片窝在沙发上看电视，常常还是动画片。冯云呢，不但下班要去买菜，还得急急忙忙地赶回家做饭。如此一个多月之后，冯云也觉得很疲劳，不由得抱怨："吴真,世界上还有你这样的妻子吗?我看,你是这个家的男人,我才是女人。就算你不能成为贤妻良母,至少也不要这样只顾着享受吧!"最让冯云受不了的,是吴真的不讲理。她几乎每天都问冯云："如果我和你妈同时掉进河里,你先救谁?"对于这么幼稚的问题,冯云总是不知如何回答,吴真就开始吵闹起来："你不爱我?你一点都不爱我!我这么努力地嫁给你,你一点儿都不珍惜我。"听到吴真无理取闹的话,冯云刚开始时觉得有趣,后来却越来越厌烦。归根结底,婚姻不是过家家,每个走入婚姻的人身上都要多一份责任和承担。但是,对于吴真的状态,他真的觉得自己不可能这样伺候吴真一辈子。

有一次,冯云和吴真周末一起回冯云的父母家吃饭。就因为吴真告诉妈妈有道菜不要放辣椒,但是妈妈却忘记了,放了很多辣椒,吴真就突然大发雷霆,还把满桌子的菜都掀翻了。看到吴真的样子,妈妈伤心地哭了起来。冯云一气之下,打了吴真一个大耳光,说："不过了!"其实,原本冯云结婚时妈妈就是反对的,妈妈总说觉得吴真稚气未脱,不能好好过日子。这次动手,让吴真一气之下回了娘家,而且没多久就开始和初恋男友约会起来。原本准备劝说吴真回家的冯云,见此情形一怒之下和吴真办理了离婚手续。让他惊讶的是,当他心如刀绞的时候,吴真却不以为然。

在这个事例中,吴真显然真的如冯云妈妈所说的那样,根本没有成熟的心智，也根本不适合过日子。最终，他们虽然不顾父母的反对结了婚，也因为生活的琐事不断争吵，离了婚。归根结底，婚姻不是爱情。爱情可以云里雾里，婚姻却只能脚踏实地。

　　朋友们，你的爱情浪漫吗？在尽情享受浪漫之余，不要忘记磨合彼此之间的生活哦！再浪漫的爱情一旦落实到实事上来，也都是需要用心经营的。唯有从现在开始努力地做好一切事情，我们才能尽量保障自己的婚姻幸福美满。记得妈妈总是说，孩子只有结婚了才能成为大人，因此，既然准备步入婚姻，就不要再在爱情中耍小脾气了。只有更好地对待这一切，你们才能拥有美好的感情生活。

第05章

可以为爱付出，但绝不为爱迷失

无论如何，不要把对方看作生活的全部

一个人要对爱情怀有一份豁达和宽容的态度：相信爱情，但不迷信爱情，更不做爱情的奴隶。否则失去了自己，你将找不回昔日的欢乐。我们一定要懂得，即便在爱中，也要保持人格的独立。我们不要轻易抛弃自我，抛弃我们的理想和喜好，抛弃我们赖以生存的技能和手段。每个人都希望自己的伴侣是个有修养，有魅力，能独立的个体。而不是离开彼此就活不了的"寄生虫"。

小语与子阳是在一个朋友的生日派对上认识的，当时的两人算是一见钟情，后来子阳就问小语要了联系方式，慢慢地他们两个熟悉起来。刚开始的那一段时间，小语简直如同掉进了蜜罐里一样，被眼前这个阳光帅气的男孩迷得一塌糊涂。子阳对小语的关爱可以说是无微不至，生活中也是经常带着小语一起，两个人可以说是生活得非常愉快。最后子阳和小语达成一致，小语搬到了子阳的住所，彼此照顾，小语也开始为子阳洗衣做饭打理家事。

刚开始的一段时间还是相当甜蜜的，两个人下班之后一起吃饭一起逛街，小语也变得对子阳言听计从，事事依赖，不管做什么事情小语都黏着子阳一起，此时的小语感觉非常的轻

松,凡事都不需要自己烦恼,因为她有子阳帮着。可是同居后不久,小语发现,子阳对她很好,但是脾气却变得越来越暴躁了,每次在外面受了气,回到家中就对小语大吼大叫,但事后都会向她道歉。而小语觉得他在外面受了窝囊气,没地方发泄会憋坏了自己,她理解子阳工作的辛苦,虽然当时被子阳骂一顿很委屈,但是事后子阳一哄她就接着原谅了他。但是,小语越是忍耐,子阳就越是脾气大,有时候还常不回家。

一次,小语提出回老家看望父母,刚到车站发现身份证忘记带了。等小语打开家门,却看见一个陌生女人正躺在自己的床上。子阳从浴室出来,短暂一愣后,笑着说:"我的小保姆,你怎么又回来了?"小语看到子阳眼中的嘲弄,却无论如何也哭不出来。小语当时就浑身麻木了,她不知道为何一向敢爱敢恨的自己,现在怎么落到了这个地步?

如果一个人沦落到"没有你我活不下去"的地步,那么你就真的是已经悲催得无法言语了。如果一个人在一份爱情里连一点尊严都没有了,那对方也不再会珍惜你!我们要认真地对待一份情感,但是我们千万不要沦为爱情的奴隶。很多人在得到一份爱情之后可以说是爱得死心塌地,爱得无法自拔,失去了自我,把对方当成生命的全部,那么最终最痛苦的还是自己。

安琪与男友在一起已经3年了,她的男友在一个大公司做经理,可以说是一个高富帅,但是却对安琪非常宠爱,公司里都知道她有一个非常爱她的男朋友。安琪很漂亮而且工作上非常的认真，可以说是一个人见人爱的姑娘。她在一家外企上班，平时工作还是挺忙的，休息的时间也不是很宽裕，但是安琪却很喜欢她的职业，曾经有人劝她何必这么累，有这么有钱的老公回家做一个阔太太多好，但是安琪却总是一笑置之，安琪说她不会为了迎合爱人而放弃自己的工作和事业。

安琪说："我是一个独立的人，我可以养活自己，可以在我的爱人面前做最真实的自己。我的爱情是要有尊严的，我不会放弃我的生活。绝不能为爱我的男友而不惜践踏自己的尊严、牺牲自己的生活乐趣。"

安琪是一个保持独立而不失生活情趣的女生，就算是在与男友热恋期间她也不会时时刻刻与男友黏在一起，安琪仍然有自己的朋友圈，维持着自己的爱好，给彼此自由独立的空间和时间。安琪喜欢阅读，有时候自己静静地坐在阳台上看书；安琪喜欢运动，有时候她也跟男友一起去健身房锻炼……安琪的生活可以说是非常的充实，她能感受到自己安静时的惬意，她也能感受到与男友一起的甜蜜。

安琪的男友非常喜欢安琪，不仅是喜欢，更是对一种魅力女性的欣赏。所以在她男友眼里安琪就如珍宝一般。安琪的独立、坚持自我的个性让她的生活充满着无尽的幸福，虽然他们在一起已经三年了，但感情不减，一直很甜蜜。

不要把对方看作是生活的全部。永远不在爱情中迷失自己。即使爱他胜过爱自己，也不要付出你的所有！要知道，你还有其他更重要的事情要做，比如学习、工作、交友。朋友们，如果你连自己都失去了，你还能得到谁呢？与其苦苦地迁就他人，不如活出最好的自己，如果你的魅力足够吸引人，还担心他会离开你？他只会更加小心地呵护你，心疼你！他怎么舍得把如此优秀的你让给别人？如果你放弃了自己，那么也没有人会愿意接受你，请你记得，经营好一份爱情，首先要做好自己。

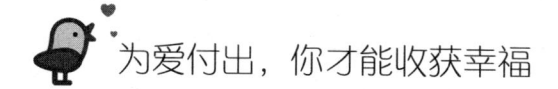

为爱付出，你才能收获幸福

记得高尔基曾经说过："如果你在任何时候，任何地方，你一生中留给人们的都是些美好的东西——鲜花，思想，以及对你的非常美好的回忆——那你的生活将会轻松而愉快。那时你就会感到所有的人都需要你，这种感觉使你成为一个心灵丰富的人。你要知道，给永远比拿愉快。"我们也常说"一分耕耘一分收获"，有付出才有回报，然而对于爱情来讲，却未必全都如此。

经常会听到女人这样的感叹：我非常爱我的老公，为了他我可以付出一切，我以为我们足够相爱，没想到也会走到分手的这一天。这种为了爱不顾一切的女人在我们的生活中屡见不鲜，有的为爱放弃了孝顺父母的机会，有的干脆与家人决裂，有的放弃了工作和自己原来的朋友、交际，也有的放弃了自己求学晋升的机会去成全恋人。爱，没有错，付出，也没有错，然而一个人全心全意付出并且毫无所求以致迷失了自己，这就是大错特错了。这种想法，看似非常伟大，其实是一种很深的自恋。有这种想法的人，没有看到对方的真实存在，她是自顾自地付出，她的付出是她自己的需要，未必是恋人的需要。

我看过这样一个故事：一个体重160多斤的胖妹子，爱上一个帅哥，可帅哥并不喜欢她，想拒绝她又不想令她太难过，于是就随口戏言道："如果你能把体重减到95斤我就爱你。"可胖妹却把这话当真了，于是就努力地去减肥，努力到变态的地步。很不幸，因为减肥方法不当，胖妹把自己减到了医院，减肥成功时正是她生命结束的时候。她让朋友拨通了帅哥的电话，可是这个帅哥始终没有出现，永远看不到她的美了。

诚然，生活中有这样的例子，有人坚持每天送女孩一束玫瑰花，最后终于把女孩感动了，答应嫁给他。很浪漫吧？我却认为这样的爱情很邪乎，这样的爱情能浪漫多久呢？总不能一辈子天天都送玫瑰花吧？

任何女人，在世界上首先都要以一个完整的人的形态来存在，才有可能去完成其他事情。恋爱中的女人，往往以为有了爱就有了一切，但是人不能只靠爱活着，一个温饱不足的人去谈论感情是很累的，就像俗话说的"贫贱夫妻百事哀"。当然并非说穷人便不能恋爱，只是每个人都要看清楚自己的位置，首先要为自己而活，才能更好地去经营感情。

也有一些女人，倚仗自己某些优越的条件，不仅对爱情挑三拣四，就是真的恋爱了，也总是想着对方该如何爱自己，对方该为自己做些什么，似乎只有那个真正愿意被自己踩在脚底下的男人才是真正爱她的。男人或许可以为了女人的美貌而苦苦追求，男人或许可以在恋爱时期对女人百依百顺，然而如果一个人的付出换来的只是尊严永远被无情地践踏，那么分手的结果就是必然而然了。

为爱付出是幸福的，所以说女人不能过分地付出迷失自己，否则便失去了快乐的本质；当然也不能一味索取毫不付出，这样对方便不会幸福。感情是两个人的，你不能只考虑自己而忽略另外一个人的存在。

曾经看到过这样一个故事：有一个人登山时，遇到了暴风，不幸迷失了方向，由于他的穿着跟装备无法充分御寒，他的手脚逐渐在地中变得僵硬。碰巧的是，当他在寻找避寒之处时，发现有一个人也因为过度寒冷而倒在地之中。于是，他立刻走到那个人的身边，并且脱下手套开始帮他按摩手脚，直到那人逐渐有了反应之后，两个人才一起合力去找寻避寒之地。

事后，故事中的主角说，当他在救助那人的同时也救了他自己，因为他那原本僵硬麻木的肢体，在为对方按摩的时候，竟然也恢复了知觉，所以他们才能够一同度过最艰难的时期，

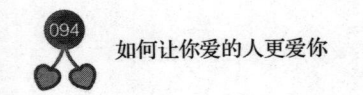

甚至在山难事件之后，他们也成了感情深厚的好友。

心理学家说：有时候不经意的付出，将会为对方带来终生的影响。所以当你不为行善寻找条件与借口时，你最终还是能够得到一份珍贵的回礼。事实上，在施恩与受惠之间，原本就是互动的，因此有时候，我们无法清楚分辨谁是施恩者，谁又是受惠者。换而言之，施恩者与受惠者的处境跟地位，有时会因为时间和地点的不同而有所置换，但真正重要的是，施恩者不该以自己的施恩而恃强，受惠者也不应该因为接受了他人的恩惠而矫揉造作，当双方均是打从心底里面去感谢对方时，就能够在心意互动之余，促进善意的不停循环！

初出娘胎，或许懵懂无知，那时候，我们只能接受父母给的爱、师长的爱与同学的爱，等我们渐渐长大时，我们不能永远当个接受者，总有一天，我们也要学着当个施予者，付出我们心中的爱。

有人说，唯有被爱过的人，才懂得爱人。因为被爱过，心中体会过那种被爱着的甜蜜，才会懂得付出爱。

如果爱情已成往事，就让它烟消云散吧；一朵花谢了，就再寻找另一朵。就算爱情没了，生活也一样在继续，幸福永远在将来，命运在你自己的手中。

为了所爱的人，我们都要好好地生活

爱情也如人生一样，也会有坎坷挫折，更会充满着不如意。这与我们平日里心中憧憬的爱情总是甜蜜美好截然不同，然而事实就是如此，我们必须接受爱情的绽放。提起爱情，人们总是想起鸳鸯，想起比翼双飞的鸟儿，想起在地底下心手紧紧相连的连理枝。然而，爱情也并不总是成双成对的，很多时候，那个我们已经习惯相守的人，也会因为各种各样的原因，突然间就消失不见了。这样的爱情，总是留下空荡荡的半侧，让我们的心无着无落。

然而，即便如此，我们依然应该坚持着成就爱情。唯有如此，我们才能坦然面对爱情的得失，不管在什么情况下，都让自己如花绽放。尤其是当爱情里只剩下我们一个人时，不管那另一半是决然离去，还是突然离开了人世，我们都要为了自己，更加坚强快乐，笑靥如花。

人生有三苦：幼年丧父、中年丧偶、老年丧子。偏偏，这样悲惨的事情就发生在森森身上。森森已经四十岁了，正好是人到中年。然而，她的丈夫突发脑溢血，就离开了她和孩子。这件事情发生后，森森觉得天都塌了，整日不吃不喝，人都快撑不住了。尽管父母朋友一起劝说她坚强起来，为了孩子，但是她依然不闻不问，似乎自己的灵魂也跟随丈夫一起去了。

森森和老公是大学同学，两个人感情特别好，从结婚之后，从来都是公不离婆，秤不离砣。正是因为这么深厚的爱情，也才让淼淼更加无法面对丈夫的突然离去。直到有一天，七十多岁的妈妈看到淼淼要死要活的样子，突然训斥她："现在趁着我还没死，我先告诉你啊。等到我死了，你可不要这么伤心欲绝。否则，要是我天上有灵，如何能够闭眼啊！你现在的样子，其实是在折磨死去的人。我的好女婿啊，就这么突然走了，他怎么能够放心得下你们娘俩。现在，你又这样像个活死人，他必然是不能心安地走啦！"听了妈妈的话，淼淼又昏睡了一整个下午，突然就在傍晚的时候起床洗漱、打扫房间、去菜市场买菜给孩子做饭。家里人都寸步不离地看着她，生怕她是因为刺激过大神经异常了。出乎大家的预料，吃完饭之后，淼淼平静地对大家说："你们都走吧。从现在开始，我要带着萌萌好好过日子了。"大家全都困惑地看着淼淼，淼淼继续说："放心吧，我想开了。妈妈说得对，我不能让老王不安心地走。我必须让他放心地走。"听到淼淼的话，大家这才放心地散开，各自回家。

果然，淼淼一心一意地带着萌萌，她知道，老王离开的一刹那，最放心不下的就是萌萌和她。日子依然照常过着，淼淼努力地生活着，尽情地快乐着。

人生是一场注定要散开的宴席，在这场宴席中，无数的悲欢离合轮番上演，不管是喜悦还是悲伤，我们都必须要面对。尤其是在爱情正好的年纪，突然间失去另外一半，一定会感到整个灵魂都被掏空。这与爱人突然背弃是不同的，那是恨，这是伤。然而，不管是遭遇了怎样的困境，我们都必须非常努力地接受，消化。尤其是当你所爱的人在天上看着你时，你必须笑靥如花，才能让他安然离去。

爱情，不必是长相厮守，而应该是心里有。有些人虽然永远地离开了，但是可以活在我们的心里。有些人，虽然人在身侧，却心已远去。不管是为了自己，还是为了我们所爱的人，我们都要好好地生活，尽情地绽放。

遭遇背叛，也要心怀希望和勇气

有的爱情如同昙花一现，突然间就烟消云散了。前一刻还爱你爱得死去活来的人，也许后一刻就会彻底地抛弃你，再也不知道你是谁，与你如同陌生人。面对这样的爱情，如果对方已然跳脱出去，你却还不知情地沉浸在其中，那么受伤害的就肯定是你。尤其是很多敏感的人，在遭遇一次背叛之后，往往很难从前尘往事中出来，也就导致他们不停地抱怨、纠结。痴心不改的人是最痛苦的，因为背叛而一朝被蛇咬、十年怕井绳的人，是更痛苦的。

自从上次被男朋友劈腿之后，小薇已经一年多没谈恋爱了。虽然家里的亲戚和朋友们都热心地给她介绍男朋友，但是她总是说:"不见,不见。男人没有一个好东西。"尽管大家都知道小薇遭到前男友背叛,的确伤透了心,却也都纷纷劝说小薇:"你难道能一辈子不结婚吗?男人虽然大多数都不是好东西,但是还是有一部分是非常优秀的。你只要瞪大眼睛用心找,一定能够找到。"对此,小薇不置可否。

眼看着小薇马上就要三十了,父母简直心急如焚。有段时间,父母一到周末就盯着小薇相亲,小薇虽然也被迫无奈地去了,但是却从来没有下文。一个偶然的机会,小薇邂逅了高中同学赵凯。赵凯高兴极了,特意请小薇吃饭,他们相谈甚欢。尤其是说起高中时期的事情,小薇简直眉飞色舞。这次见面之后,赵凯就经常约小薇吃饭或者看电影。渐渐地,小薇觉察到什么,原本想拒绝对方,却又对其有那么一丝丝的好感。再加上赵凯的确是来势凶猛,毫不掩饰自己对于小微的欣赏和喜欢。小薇呢,尽管没有拒绝,却也没有接受,就这么相处着。一段时间之后,小薇突然患了急性阑尾炎,入院做手术。赵凯彻夜不眠地守候在小薇身边,而让小薇年迈的父母回家休息。后来,他还细心地熬了小米粥,亲手一口一口地喂小薇吃下。俗话说,路遥知马力,日久见人心。至此,小薇真正被赵凯感动了,接受了赵凯的爱。从此之后,小薇每天都在享受着赵凯无微不至的爱情,他们一起快乐,一起享受幸福。

古人云,一朝被蛇咬,十年怕井绳。意思是说,如果一个人被蛇咬伤,在十年的时间内,即使看到井沿上的绳子,都会感到害怕，心生恐惧。虽然这样的说法有些夸张，但是却真切地道出人们对于伤害的恐惧。的确，没有人愿意被伤害，也没有人喜欢遭遇背叛。然而，很多事情并不在我们的把握之中，我们必须学会坦然接受这一切。

人，都是有自愈能力的。在受到伤害时，身体会自愈；在感情有创伤时，一切也会在时间的流逝下缓缓愈合。只要我们心中怀着希望和勇气，不去刻意抵抗身体的自愈，我们就会很快恢复健康和快乐的。对于爱情，亦是如此。

女人在婚姻里不要依靠男人

现代社会，贪图物质享受的女孩很多，拜金女更是层出不穷。正是因为生存艰难，所以有相当一部分女人都想抓住自己人生中第二次影响命运的机会，改变自己的人生。曾经有人说，人的一生有两次投胎，第一次是投娘胎，第二次则是选择婚姻。虽然现在看来这样的说法未免有些夸张，但是我们从中至少可以看出婚姻对于人一生的重要影响。也正是因为知道婚姻的重要性，很多女孩在艰难的生存之路上选择了捷径，她们也许第一次投胎没有投好，因而她们决定第二次投胎一定要抓住机会，让自己一下子步入豪门。

殊不知，一入豪门深似海，别说是普通的女孩了，就算是那些光鲜亮丽的女明星，在嫁入豪门之后，也未必生活得如同人们揣测得那么好。还有些女明星为了嫁入豪门，在没有得到豪门认可的情况下就接二连三为富二代生孩子，最终却依然摆脱不了被抛弃的命运，可谓悲惨。就算是进入豪门当了阔太太，生活也会变得寡淡无味，在豪掷千金买够那些奢侈品之后，阔太太们开始痛定思痛，不由得抱怨丈夫总是工作忙碌，没有时间陪伴自己，或者抱怨公婆始终瞧不起自己，觉得自己就像一个乞丐一样在豪门讨生活。这到底是为什么呢？要知道每一个女人在嫁入豪门时，都是自诩拥有爱情的啊，难道豪门的爱情这么容易褪色，甚至一夜之间就会变得面目全非吗？其实并非豪门薄情寡义，而是因为女人失去了自己独立的人生。

其实不仅是豪门，就算是普通的婚姻生活中，也有很多女人犯过同样的错误——过度依赖。当然，爱你的人会喜欢你的依赖，然而一旦爱情渐渐褪色，激情也越来越平缓，那么你的一切撒娇发嗲，都会让男人不堪其扰。现实生活中，很多女人都进退两难，她们与自己所爱的人相处亲密，恨不得与对方变成同一个人，但是对方却总是不堪其扰，希望她们能够独立一些。这样一来，她们未免觉得怅然若失，甚至怀疑对方不爱自己了，这样的患得患失，想必再坚定不移的爱人也终究会觉得厌烦。很多人都知道刺猬法则，大意就是说，刺猬们在寒冷的天气里相互依偎着取暖，但是一旦距离太近，它们就会被彼此的刺扎伤，为此它们不得不马上分开，彼此躲得远远的。然而天气实在太冷了，等到它们忍受不了寒冷时，又会想往一起靠近，但是此时他们会再次被对方扎伤。几经尝试之后，聪明的刺猬才找到彼此依偎取暖的最佳距离，那就是既能感受到彼此的体温，又不至于被对方扎伤。事实证明，这样的关系最长久，而且绝不会使彼此间受到伤害，相互厌倦。

台湾诗人舒婷的《致橡树》，相信很多朋友都看过：我如果爱你——绝不像攀援的凌霄花，借你的高枝炫耀自己；我如果爱你——绝不学痴情的鸟儿，为绿荫重复单调的歌曲；也不止像泉源，常年送来清凉的慰藉；也不止像险峰，增加你的高度，衬托你的威仪。甚至日光，甚至春雨。不，这些都还不够！我必须是你近旁的一株木棉，作为树的形象和你站在一起。根，紧握在地下；叶，相触在云里。每一阵风过，我们都互相致意……我们分担寒潮、风雷、霹雳；我们共享雾霭、流岚、虹霓。仿佛永远分离，却又终身相依。这才是伟大的爱情，坚贞就在这里……年轻的女孩读起舒婷的这首诗，也许并不会有深刻的感悟，甚至还会觉得这是一个爱撒娇的女人正在矫情呢！然后在经历过婚姻之后，我们很容易知道，爱的确需要这样的高度，爱一个人，的确要拒绝做攀援的凌霄花，以树的形象与对方比肩而立，才能成就爱情的平等、尊重。

现代社会，很多女性都主张自立。然而一旦涉及婚姻生活，她们难免还是觉得女人就是要倚靠男人。这种现象之所以如此普遍，一则是因为父母对于女儿照顾过多，二则是因为女人在社会生活中相对弱势，所以理所当然把婚姻的另一半就当成了自己的靠山。哪怕有些女强人在职场上表现强势，但是在生活中还是会偶尔小鸟依人，甚至不管什么事情都要依赖于丈夫。当然，小鸟依人是好的，这样能够让男人感觉到自己被需要，但是过于依赖丈夫，却不是好的选择，毕竟丈夫也有繁重的工作需要处理，没有任何人是无所不能的神。很多事情如果能够自己解决，明智的女性朋友会选择自己解决，从而给予丈夫更加轻松的婚姻生活，也使得丈夫能够从容享受婚姻生活。

曾经，很多女孩都喜欢看琼瑶阿姨的言情小说以及电视剧，主要是因为她们渴望着也能得到如同剧中男主角一般的男性全心全意的爱与呵护。琼瑶阿姨总是把男主角塑造得无所不能，对女人的爱更是无微不至，因而这些男主角变成了如同神一样的存在。现实情况是什么呢？现实情况是男人也不是无所不能的，男人除了坚强之外，也有脆弱的一面。男人也有不堪生活重负，希望有人能为他们分担的时刻。在电视剧《我的前半生》中，为何陈俊生会背弃美丽漂亮的罗子君，转而喜欢长得并不那么漂亮，而且也不再年轻，还带着一个儿子的凌玲呢？就是因为在巨大的工作压力下，作为全职太太的罗子君只会给陈俊生找麻烦，监视陈俊生，而很少考虑到陈俊生在工作上付出了多少，承担着怎样的压力。偏偏这时看似善解人意的凌玲出现了，在陈俊生身体不适时送上一盒胃药，就能够让陈俊生感受到久违的温暖。在陈俊生压力山大的时刻，帮助陈俊生更好地完成工作，切实地为陈俊生减轻负担。这一点，如果不是剧中的男一号贺涵带着罗子君走进陈俊生工作的环境，罗子君无论如何也想象不到陈俊生原来工作得那么辛苦。而渐渐走向自立的罗子君，最终不但赢得了男神贺涵的爱，而且也得到了陈俊生的爱与尊重。

女性朋友们，婚姻永远都不可能成为我们的庇护所。所以在婚姻生活中，我们必须更加坚强自立，拒绝成为攀援的凌霄花，这样我们才能与男人比肩而立，在男人需要的时候，给予他们强有力的支撑，也给予他们更多爱与尊重我们的理由。很多女性朋友都在家庭生活中争取自己的更高地位和权利，殊不知，没有人能够赋予我们更高的地位和权利，只有我们自尊自爱，自强自立，我们才能成为婚姻生活中真正的女主人。

靠自己的双手创造幸福

每个人都奢望获得幸福，尤其是女人，更是把幸福作为人生的目标。为了得到幸福，女人们或者成为女强人，或者到处搜寻成功的男人作为幸福的希望和寄托，在此过程中，甚至有些女人把人生的希望完全寄托在男人身上，而忘记了自己的初心。不得不说，这样的女人已经忘记了生命存在的意义，更忘记了自己也是可以靠着双手创造幸福的。

艾米曾经是一名全职太太，在家里相夫教子，为了让她轻松一些，老公还特意请了一位能干的保姆，负责照顾艾米和儿子的生活起居。每到节假日或者是纪念日，老公总是想方设法准备各种礼物，艾米自己都曾经无数次告诉自己：我真好命，居然找了个这么好的老公。

然而，一次出差彻底改变了艾米的命运。就在那次出差过程中，艾米的老公和女上司发生了不正当关系，女上司铁腕强权，用尽手段，最终让艾米的老公提出了离婚。艾米得知消息时简直觉得天都塌下来了，她恳求老公不要离婚，而是努力给孩子一个完整的家庭，但是老公似乎心意已决，变得非常绝情。在老公的坚持下，艾米最终同意了离婚，虽然她得到了孩子和房子、车子，但是她的心却被掏空了。她一次又一次徘徊在生死边缘，想到年幼的儿子，又不得不放弃想要自杀的念头。在沉沦一段时间后，眼看着坐吃山空，而孩子用钱的地方又越来越多，因而艾米决定出去找工作，重新开始自力更生。想起自己大学时代一边学习，一边工作，艾米很有信心。然而，从全职家庭主妇到职场女性之间，艾米走过了很长的一段艰难历程，最终艾米不但成功适应职场，而且把事业做得风生水起。最终，艾米赢得了比前夫更优秀的男士的追求。

爱情的保鲜期是很短暂的，当爱情渐渐失去，在婚姻之中为了家庭付出更多也放弃更多的女人，必然面临很多的困境。

在这种情况下，女人只凭着一味地苦苦哀求，是不可能让男人因为可怜她而回头的，相反，女人只有竭尽所能让自己保持自力更生，才能更加赢得男人的倾心。

很多人把结婚比作是女人的第二次投胎，的确婚姻是否成功的确对于女人影响很大，但是并非所有女人都能在婚姻中找准自己的位置，从而更加把婚姻经营得圆满幸福。有很多女人在婚姻过半的时候，或者发现婚姻并非自己所期望的样子，或者被负心汉抛弃，无论如何，女人都要勇敢面对婚姻的变故，才能让自己成为命运的主宰，才能获得理想中的人生。

女性朋友们一定要记住，幸福不是苦苦求来的，而是要靠着自己的努力创造和争取的。没有人有权利影响和决定你的人生，除了你自己。从现在开始，让我们掌好命运的舵，在人生的茫茫大海上扬帆起航吧！

即便分手，女孩也不要痛苦消极。

失恋谁都不愿意碰到，可它的存在是必然的，开始与结束，得到与失去，本就是一对孪生姊妹。对于心理正常、情绪稳定的女孩，失去了也就失去了，小小地难过一下，并不妨碍她打起精神去做别的事；对于那些不知善待自己的"泥命"的女孩，失恋不仅仅是失去了一段感情，同时失去的还有生活的信心。她们的思路是这样的：他离开了我——没有魅力的女孩——我的人生是失败的人生。其实这中间，只有你和一个男人分手是个事实，其余的一切，只是你一种悲观的想象。

女孩可以失去爱情，但不要因此而失去生活，迷失自己。有些人一旦失去了爱情，就会连生活的重心也失去了。只剩下无助、寂寞、孤独、消极、悲观，甚至失去对生活的信心。可是再过几十年，等到自己老了，活明白了，回忆起那时候来，怕只剩下惭愧和悔恨了吧？

逐渐淡漠的爱情势必会走向分手，即使你仍深爱着对方，也要学会自己慢慢消解这段感情。你们的感情已成过去式，以后你要学会把"我们"这个词汇从头脑里抛开，以"我"的眼光来看待这个世界。

失恋是一杯红茶。前味苦不堪言，细品之后的余味却是绵长细密，丰富了你的内心你的生活。如果正承受失恋痛苦的你暂时还不能接受这种说法，那么我们不妨现实一些，用学会一个人生活来为恋爱疗伤。

虽然会有很多人告诉你，只有下一次恋爱的开始才能让你真正走出上一段的阴影，但那也要在你独自过一段生活之后才能够发生。不要指望才分手便立刻会有王子骑着白马过来搭救，即使有，在你未走出前一段感情阴影、未能有时间好好吸取上一段感情的养分之前，你都有可能重蹈以前的覆辙，在失恋的路上越走越远。

如果你终究难以忘怀前任男友，一天拿起手机好几次，只想给他拨个电话——在这儿劝你对自己狠心点，闭上眼睛深呼吸，毅然丢掉手机——否则，等待你的电话内容无非先是一长串尴尬的省略号和逗号，然后在"我们不是已经结束了么"的冷淡质问里挂断。

何必呢？伤了自尊，又不能改变既定的事实。你为何就不能学会并习惯一个人生活呢？

一个人生活不是孤守他离去后的那片天地，而是独自坚强地开辟出一片新天地。塞翁失马，焉知非福？独立寒风的滋味虽然不好受，却是心智成长的最好时节。

一个成熟的女孩，就要理智地对待自己的情感，千万不要因为某个人而痛苦且消极地活着。感情的事情并不是谁都能把握得了，为什么要为一个已经毫无相干的人而让自己陷入不愉快的心情中呢？一个不懂得欣赏你的人，没有资格让你为他难过悲伤，每一个人的人生都是美好的，某个人的离开，只能说那个懂你的人还没有出现。他不是你生活的全部，与其让自己陷入一个无望的爱情中，不如潇洒地转身，投入到付出与回报成正比的工作学习之中。

在2006年里，谢娜和刘烨分手了。但在这短短的一年时间里，谢娜也迅速蹿红。出书、拍话剧、做主持人、出新专辑、拍广告……她的事业全面开花。当有人把她和妮可·基德曼作类比时，她开怀大笑："谢谢大家抬举我！我没有她那么大成绩。我只是现在把全身心都投入到了工作中。"

也许人生中的得与失原本就是个奇妙的悖论，她失去了刻骨铭心的恋情，却也从此冲破了"某某女友"这个拘束的头

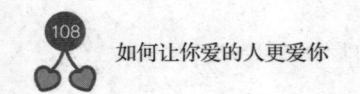

衔，虽然整个过程痛并艰辛，但破壳而出之后却爆发出自己的所有能量，开创了另一方天地。正如谢娜所言："我还是憧憬美好的爱情，但是没有爱情，我一样精彩。"

这个世界上，没有谁离开谁活不下去，除非他是给你提供水、空气、阳光和食物的上帝，所以，那句"没有你我活不下去"的傻话最多只是强烈的感叹，千万不要相信那是真的。

女孩不要犯傻，切记不要把爱情视为你的一切。千万不能因为爱情而放弃自己的事业、爱好和友情，放弃了这些宝贵的东西，也就放弃了你作为一个独立的人的创造能力。要知道，真正能给你打击的不是失恋，而是你自己对待失恋的心情，走出阴影之后你会发现：他不过是一个极为普通的男人罢了，当初自己对他的迷恋，幼稚又可笑。

把爱情视为一切的女孩，是执迷不悟的女孩。失恋，只能证明你失去的那个男人不懂得欣赏你，并不表示你就是没有魅力的、不幸的女孩。如果因为失恋就否定自己，你在失恋的同时失去的还有你的未来。

第06章

感情需要经营，生活需要调剂

彼此尊重、欣赏与共同进步，才能让爱情保鲜

俗话说，情人眼里出西施。这句话的意思是说，两个人如果真心相爱，情投意合，即使并非俊男靓女，在爱人眼中也是非常可爱的。哪怕是显而易见的缺点，一旦到了爱人眼中，也会变成可爱的缺点，让人不胜怜惜。尤其是热恋中的男女，似乎都变成了瞎子和聋子，对对方的缺点视而不见，视若无睹，最终把对方看在眼里，记在心里，再也不愿意放手。这就是爱情的伟大魔力，它比最伟大的化妆师之手更加神奇，能够使每一个相貌平平的人都变成爱人眼中的天仙美女、潇洒男子。由此逆向思维不难得出一个结论，假如一个人还在恋爱时期就对你横挑鼻子竖挑眼睛，那么不如果断放弃这段口是心非的爱情，因为对方一定不是真的爱你，否则当爱情发挥魔力为你装扮，他的眼睛不会看到你所有的缺点，而对你的优点视而不见。

作为一家企业的基层人员，晓菲工作上勤奋努力，非常踏实，一步一个脚印，从来不敢有丝毫懈怠。不过，在晓菲进步神速的同时，她的男朋友却一直在原地踏步。虽然男朋友是晓菲的大学同学，与晓菲可谓彼此了解，心心相印，但是渐渐地他们之间却有了巨大的悬殊。直到晓菲通过努力已经成为公司

的行政主管，她的男友却依然毫无进步，毕业五年了，依然是单位里名不见经传的小小办事员。

看着男朋友，晓菲越来越瞧不上眼，总是不屑一顾地说："人家都是情场得意商场失意，我看你呀情商也未得意，商场接连失意。几年前还算是个帅小伙，如今却体态臃肿，别人五年磨一剑，成为公司中层管理者，还有的成为高层管理者，你却只收获了一个大肚腩。"晓菲的话里充满不屑，让男友也很惭愧。然而，他的能力就只有这么大，因此他对晓菲说："既然你现在看我什么都不顺眼，咱们就分手吧，我也不想拖累你的似锦前途。"晓菲几乎不假思索地接受了男友的建议，很快就与男友各走阳关道了。

在这个事例中，不能说晓菲未曾爱过男友，只是因为她曾经的爱在自己的神速进步中渐渐消退，而男友却没有跟上她进步的步伐，因而最终无法持续激发她的爱，导致爱不在了，情人眼里出西施的爱情效应也不在了，所以晓菲越看男友越不顺眼。其实，也许晓菲最初和男友恋爱时，男友就是现在的样子，只不过因为彼时的他们正处于热恋的时期，因此把对方的缺点也看得非常可爱，正所谓情人眼里出西施。由此可见，爱情的魔力很大，保鲜期也非常短暂，每一对相爱的人都得努力经营爱情，才能使爱情之花常开。

每个人的爱情都只有短暂的保鲜期，作为相爱的双方必须保持同步节奏一起奔向人生的目标，才能彼此尊重、欣赏。否

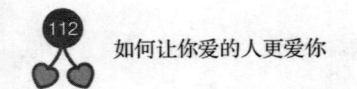

则一旦一方突飞猛进，另一方却原地踏步，如何还能彼此看得入眼呢！当爱情不在了，爱情的魔力也全都消失，还何来情人眼里出西施呢！

偶尔顽皮，会激起男人的保护欲

女人要想开启男人爱情的欲望，就需要学会顽皮，适时娇嗔几句，说得男人心花怒放，他自然会对你百般疼爱，爱恋有加。当然，调皮可爱，这对于恋爱中的女孩子相对来说比较容易，但若是对一位结婚几年的女人好像就显得困难了，并不是腻了，而是觉得不知道怎样来表达自己的顽皮，如果硬是需要说点什么，那就只剩下唠叨、争吵了。婚后，爱的激情被柴米油盐的琐碎生活磨掉了，女人逐渐丧失了顽皮的心情，慢慢变成了唠叨的女人，这难免会让男人厌倦。

小李与老公约好了下班出去吃饭，已经到时间了，可小李由于工作没交接完还不能出去。心想：老公一定会生气，他很守时。等忙完了工作，到了约定的饭店一看，老公果然阴沉着脸，气呼呼地坐在那里。小李在老公的视线里缓慢地走了过去，说："都是这双讨厌的凉鞋，早不崴脚，晚不崴脚，偏偏赶上这时候，唉，我疼点无所谓，可是却耽误了你的时间，真让我过意不去。"说完，还一脸疼痛和自责的表情，老公心疼地说:"你该让我去接你嘛,快让我看看脚。"小李低下头,却把脸别开,原来她在忍不住笑。

还有一次吵架,老公要离家出走,小李挡在门口说:"自古以来都是女人离家出走,你这么做不符合事物发展的正常规律。"老公说:"你想怎么样?"小李坚定地说:"我走,我要把属于我自己的东西全带走,哼!"说完不由分说拉着老公就跑下楼,老公问:"你究竟要干什么?"小李说:"你是我的东西啊!"老公说:"我才不是东西呢!"说完,自己觉得不妥当又急忙开口说:"我是东西。"说完,两人都忍不住大笑起来,一片乌云就这样散开了。

女人偶尔顽皮一下,可以博得男人的宠爱,因为在女人面前,男人所扮演的角色既是朋友,也是兄长,有时候甚至是父亲。如果女人表现得比较调皮,那给男人的感觉就好像是女儿一般,自然可以启发出他隐藏在心底的爱。

《红楼梦》第十九回写宝玉到黛玉房里,见她睡在那里,就去推她,黛玉说:"你且别处去闹会子再来。"宝玉推她道:"我往哪里去呢?见了别人怪腻的。"黛玉听了,嗤的一声笑道:"你既要在这里,那边去老老实实地坐着,咱们说话儿。"宝玉道:"我也歪着。"黛玉道:"你就歪着。"宝玉道:"没有枕头,我们在一个枕头上。"黛玉道:"放屁!外头不是枕头?拿一个来枕着。"宝玉看了一眼,回来笑道:"那个我不要,也不知是哪个脏婆子的。"黛玉听了,睁开眼,起身笑道:"真真你是我命中的'天魔星'!请枕这一个。"她把自己的枕头让给宝玉,自己又拿一个枕着。

林黛玉个性比较清高,但在贾宝玉面前,她也会展现自己调皮的一面。抢枕头的事情虽然很小,他们所用的语言也是平日里的口语,但在两个相爱的人之间,却起到了打是亲,骂是爱的作用,而顽皮成为了示爱的一种活泼而随意的方式。

1.偶尔的顽皮可以调动情感的火花

日子太过平淡,往往会让相爱的人失去了爱情的激情,他们逐渐变得平淡,再也回不到往日的活力。但偶尔的顽皮就好像无意中在天空中闪烁的星星一样,哪怕只有短暂的出现,却可以唤醒爱的活力,调动情感的火花。

2.找回恋爱时的感觉

每个女人在恋爱时总是千姿百态的,一会儿顽皮,一会儿妩媚,一会儿性感,一会儿天真,百变的形象让男人看花了眼,从此也跌入了温柔乡里。但这样的女人在结婚后往往忽视了这些情调,她们不再千姿百态,而只是无休止地唠叨,结果让男人生厌。对此,女人应该要找回恋爱时的感觉,不要觉得不好意思,在自己爱的人面前,还有什么难为情的呢?展现女性的魅力,唤回男人的爱。

对于这些不懂得"顽皮"的女人,不要等到丈夫有了外遇,才抱怨自己为什么总是被忽视呢?为什么自己无止境地付出却换来被抛弃呢?这时女人也应该反省自己,在自己身上是否还有爱情的痕迹？顽皮的妻子，总会让丈夫感到新奇，那些娇嗔的语言，总会唤起丈夫内心深处的爱。

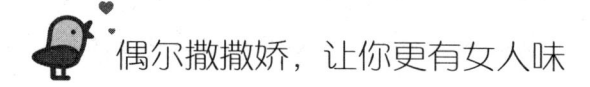

偶尔撒撒娇，让你更有女人味

有人说："女人不需要太漂亮，但一定要懂得撒娇。"在偶像剧里，女人握着一双小粉拳在男人胸口轻打着说："我恨你。"男人们不仅不会生气，反而会眉开眼笑地把你搂在怀里哄着说："好了，好了，别生气了，都是我不好。"这时女人就可以小鸟依人地伏在男人宽敞的胸怀里了，这就是我们常说的"打情骂俏"。会撒娇的女人很有女人味，举手投足之间，总是会让男人为之心动，令男人向往。当男人在外面奔波劳累了一天，回到家最想看到的就是妻子撒娇的样子："老公，你累了吧，来，我帮你捶捶背""老公，我做的菜好吃吗？""老公，我帮你把洗澡水放好了，一会儿来洗个热水澡，解解乏""老公，你总是在外面吃饭，也不回家陪我"，声音一发嗲，男人定会神魂颠倒，即便想在外面吃饭也会赶紧回家陪娇妻。

有一对夫妻结婚三年多，人人称美，可以说是才子佳人、门当户对。婚后，基于平等原则，她提出男方也要帮忙家事时，他没有反对，她又提出男方有养家活口的义务，要求男

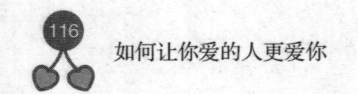

方要负担房贷和水电杂费，生活费则是一人一半，他也没有反对。

另一对夫妻却是别样景象。让丈夫感到泄气的是，妻子好像没什么女人味，她总是这样，冷冷淡淡，从来不会撒娇、娇嗔。有一天半夜，他一个人默默地吃着餐桌上的冷饭时，心里突然涌起一股莫名的失落感，他突然很想身边有个说话的对象，希望有个人坐在旁边，慰问他一天的辛劳，或听他发发牢骚。但说实在的，他和太太已经快一个多月没有好好地聊聊天了，这样的生活还能叫夫妻吗？

有一天晚上，他喝了酒索性就把太太从睡梦中叫起来，要和她聊聊天，结果太太骂他莫名其妙，甚至怪他破坏了她的生物钟，两人大吵一架，他又气又伤心，对这段婚姻彻底失望了。

女人应该明白，即便自己再忙，也需要偶尔走进男人的世界撒撒娇、聊聊天。虽然这是很简单的事情，却是维持婚姻幸福的很重要的因素。即便是一个星期一次或两次，或者在心情激动时陪老公吃夜宵、聊聊天，虽然时间不多，但可以令男人恢复信心和战斗力。

王先生本来是一位大老板，生意失败后负债破产，妻离子散。实在无奈之下，他只好向家人借了一些钱，跑到工业区的路边搭起一个小吃摊，靠卖卤肉饭和小菜来赚点钱过日子。

但是，工业区里灰尘多，往来车辆的废气也多，很多附近的工人来吃了一两次，就抱怨连连，说吃饭配沙尘宁可去自助餐厅包便当回工厂来吃，也不想再来。顿时，王先生的生意一落千丈。

有一天，一位附近电子工厂的女作业员跑来吃饭。当天风很大，她的饭碗中飞进了不少沙子，她每吃一口，都必须把嘴里的沙子吐在桌上。落魄的王先生看了心中很不安地说："抱歉！今天风大，好像吃了很多沙子吧？"谁料那位女作业员却摇摇头撒娇说："不会啦！也有很多米饭呀！"落魄的王先生听了，眼眶都红了，说不出话来，只忙着又从电饭锅舀了一些饭到她的碗里，然后又加了很多卤肉汁给她。

从那天起，这位女作业员几乎每天都过来吃饭。每次她来，不但有折扣，饭菜也特别多。有时候，女作业员看落魄的王先生忙不过来，就主动帮忙洗碗或盛饭。她还帮老板出主意，把摊子四周围上透明塑胶片，这样不仅可以挡住风沙，还能让卤肉香味不容易散掉。这个办法果然奏效，小吃摊的生意又好了起来。

最后，女作业员干脆辞掉了电子工厂的工作，专心来帮王先生。由于她说话好听，又带点嗲气，附近的工人都喜欢来这里边吃饭边聊天，就这样，小吃摊的生意一天比一天红火。几年以后，王先生重新回到老本行，他用经营小吃摊赚到的钱东山再起，事业蒸蒸日上，终于又成了大公司的老板，而那位老板娘就是那位女作业员。

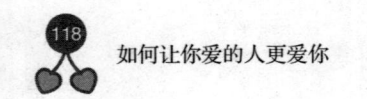

虽然，男人在事业中一路拼杀勇猛无比，其实在感情上也有他们单纯的一面，柔弱娇媚的女人最能满足他们的大男人心理。当女人撒娇的时候，男人内心的保护与怜爱之心也就空前高涨了。

1.女人要学会撒娇

男人是单纯而微妙的动物，因为单纯，所以很容易安抚；因为微妙，所以只需要多用心，就可以察觉和洞悉他的心。当男人因压力太大而变得亢奋的时候，女人不妨撒撒娇："嗯！我就知道你很厉害！你要加油哦！"顿时，男人内心的不安和浮躁就会自动消失，斗志也会涌现出来。

2.撒娇的女人有女人味

撒娇的内在动力是宠爱、喜欢、愿意等情感，女人适当撒娇确实是婚姻幸福的秘方之一，当两个人争吵时，适当撒娇可以缓和气氛；当两人甜言蜜语时，撒娇可以让气氛更和谐。撒娇的女人总是特别有女人味，但凡男人都喜欢看到女人撒娇，抿着小嘴，跺着小脚，再加上一副梨花带雨的样子，这样心肠再硬的男人也会甘拜下风。

当男人生气的时候，女人若是拿出撒娇的本领，给一个拥抱，或一个亲吻，那他不但不会继续骂下去，还会苦笑着拿你没办法，两个人之间不需要争得面红耳赤，只要女人懂得撒娇和体贴，就能享受家庭的幸福。

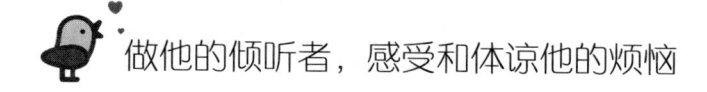

做他的倾听者，感受和体谅他的烦恼

两个人在一起，不仅仅是分享快乐，还需要分担烦恼。也许，有的女人觉得男人并没有什么烦恼，因为他从来没有对自己说过，也没有表现出来。其实，在很多时候，男人学会了隐忍，他们喜欢把烦恼隐藏在心里，表面上显得没有什么事情。因为男子汉的自尊让他们觉得，把自己的烦恼告诉女人，这是懦弱的表现，所以他们一向在你面前表现得很要强，很少显露出自己烦恼的时候。而一旦他们对你说出自己心中的烦恼，那一定是已隐忍很久，困扰他很久了，这时你需要做的就是做一个最忠实的倾听者，做他烦恼时的接收器。男人最需要的就是懂他的女人，能够深入到他的心底，了解他心中的喜怒哀乐，明白他的苦衷，他就感到莫大的幸运，对你也会倍加珍惜。所以，做一个善于倾听的女人，适时地为他分担烦恼，悄悄地走进他的心里，做他最知心的那一个人。

男人肩上担当了太多的责任。在父母面前，他是孝顺的儿子；妻子面前，他是优秀的丈夫；在同事面前，他是一名干将；在孩子面前，他是无所不能的爸爸。工作上的压力，生活上的压力，让他们经常陷入烦恼的旋涡之中。作为他身边的女人，有时候很难深入地了解他的心思，但是你的耳朵，是用来倾听的。面对他的烦恼，你不一定需要给予他多少安慰，他最需要的是一个忠实的倾听者，他并不指望你能替他分担多少烦恼，只需要静静地陪着他，听他的倾诉，当他倾诉完之后，烦恼自然就少了很多。而他也会对你充满感激，至少在他最艰难的时候，是你陪伴他走了过来。

小万和男朋友相恋两年了，很快就要谈婚论嫁了，在见了双方父母之后，已经把婚期纳入了计划之中。可是，小万最近觉得男朋友好像有什么心事，经常一个人坐着不说话，面露难色，问他又不说。小万心里很担心，也不知道他到底在想些什么，认识两年来，还是第一次看到他这个样子。小万越想越着急，真想自己变成一只虫子飞进去看看，看他心里在焦虑什么。

周末，小万的好朋友结婚了，小万和男朋友都参加了婚礼。在婚礼现场，小万见到了很多好朋友，一边聊天，一边喝酒，小万虽然与朋友聊得很欢，但她不时地看着男友，发现他正一个人喝闷酒。于是，小万借口自己有事就拉着男友先离开了，两个人坐在出租车里，男友靠着小万的肩膀，几次欲言又止。小万心里虽然着急，但是她并没有开口问，只是静静地坐着。

到家了，小万为男友冲了蜂蜜水，男友好像有些清醒了。他看着小万，眼里满是深情，一会儿，他说道："可能今年咱们办不了婚礼了，我老家出了点事情，大哥出车祸了，已经花去了所有的积蓄，连我的存款都给了哥哥做手术，可是，看着你每天憧憬的样子，我觉得不好跟你开口，也不知道怎么跟你父母解释……"男友断断续续说了很多话，小万等他说完了，只说了句："没事，爸妈那边我会说清楚的，现在最要紧的是大哥的伤势，明天我去看看他吧，出了这么大的事情也不告诉我，一个人撑着怎么能行呢。"男友抱了抱小万，在她耳边说："我怕你担心。"两个人紧紧地抱在一起，此刻，小万觉得自己就是最幸福的女人。

看着被烦恼困扰的男友，小万并没有强烈地追问，而是静静地陪着他，等着他告诉自己。虽然，面对男友的烦恼，自己并不能帮很大的忙，但是只要理解了男友心中的苦闷，这就是对他最大的帮助。因为他们足够坚强，能够凭借着你所给力量振作自己，从烦恼中解脱出来，回归男人的本色。

有时候，可能你会抱怨，他不肯向你诉说他的烦恼，你永远也猜不透他在想什么。其实，面对这样的情况，千万不要胡思乱想，他可能是觉得你不是能承受他烦恼的人，或许他觉得说出来会影响到你的心情。如果是这样，那么你不妨先试着告诉他你的烦恼，让彼此慢慢地渗透信任，这样那些烦恼就会成为小事。

给他鼓励，让他重振旗鼓

每个人都有低迷的时候，他也不例外，有可能是工作上进展得不够顺利，有可能是遇到了一些困难与挫折，有可能正处于人生的低谷。当他出现低迷的时候，你是否做了应该做的，那就是给予他适当的鼓励。有的女人习惯了啰唆、指责，面对他的失败，不仅不加以安慰，反而变本加厉地指责起来，说一些伤人的话："你真是没有出息""纯粹是一个窝囊废，早知道当初就不嫁给你""自从跟了你，我就开始倒霉了"……这些杀伤力无穷的话语，无疑是雪上加霜，而你也成了落井下石的那一位。当他遭遇困难的时候，即便是陌生人也会递上一份问候，更何况是你。所以，即使他事业没有什么成就，也不要乱加指责，更不要随意怒骂起来，这只会使你们之间的感情越来越淡漠。不妨拿出女人的本色，给予他适当的鼓励，用你柔弱的双肩为他支撑起坚实的大后方，给他信心，让他从困境里走出来。这是一个女人的智慧，更是一个女人的骄傲。

也许，有人认为男人那么坚强，是根本不需要鼓励的，只有弱者才会需要鼓励。事实上，无论是强者还是弱者，他都有最脆弱的时候，在那低迷的时候，最需要有个人能给他勇气、信心，能够不断地给他打气，成为他最坚实的后盾。对于男人来说，他们的自尊同样是异常的脆弱，假设你给正处于困境的他一顿责骂，他有可能就真的一蹶不振，甚至破罐子破摔，最终毁了自己的一生。所以，请在他最需要帮助的时候，用力地拉他一把，用你的言行告诉他，无论他成功还是失败，你永远支持他，陪伴着他。如果你真的付诸实际行动了，那么他会用一生来回报你的真情。或许，在你的鼓励下，他真的就成功了，重新找回了自己，他的重生证明了你的伟大，因为你的鼓励换来了一个人的成功。

小路和老公都来自农村，因为共同的家境让他们有了许多共同语言。认识两年之后，他们就领证结婚了，虽然没有房子，也没有车子，甚至连婚纱照都没有拍，可是小路觉得自己很幸福，因为爱是任何物质都换不来的。

结婚后，老公工作更努力了，虽然没有较高的学历，但他用自己点点滴滴的勤奋努力拼搏，只是为了当初许下的承诺：小路，我会给你一个美好的将来，相信我。小路的爱让他坚信自己一定会成功的，小路也经常鼓励老公："你是最棒的，总有一天，你会有自己的公司，我相信你，一直，甚至是永远。"其实，并没有等到永远，过了两年，辛苦拼搏的老公赚回了人生的第一桶金，开始自己经营了一家小公司，虽然，看起来似乎并不起眼，但小路说："有一天，你会把公司做大的。"在小路的不断鼓励下，老公的公司发展越来越好，没过几年就自己买了房子，买了车子，公司也做成了大公司。

但是，好景不长，可能是因为经营不善，一些管理方法出现了问题，公司陷入了困境，老公焦虑得晚上睡不好，白天还要去公司处理事情。小路看着着急的老公，心里也很担心，但她还是一如既往地鼓励他："这只是暂时的困难，很快就会过去的，现在可比我们才来城市的时候好多了，那时候那样艰难我们都熬过来了，何况是现在呢。"老公看着小路认真的脸，笑了。

小路在任何时候都没有指责老公,而是一如既往地支持他、鼓励他,不断地给他坚持下去的勇气。在小路的鼓励下,老公取得了一次又一次的成功,从一次次的失败中重新站了起来。每个人的人生路途中,都会遇到种种困难和挫折,面对突如其来的打击,很多人都防不胜防,心理防线也即将崩溃了。这时候,正是需要你帮助的时候,没有指责,没有质问,只是一句轻轻的鼓励,或者只是一个拥抱,只是一个善意的微笑,都足以点起他心中的希望,给他强大的力量,那是重新站起来的力量,是重新获得成功的力量。

第07章

爱情中总有悲伤，学会让自己开心起来

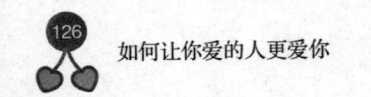

坏情绪来临，学会用正确的方式宣泄

也许是上天在造人的时候就有意地要让女人多愁善感，不仅让女人每一个感官都敏感得心细如发，就是那表达情绪的天资也比男人发达得多，让女人在表达情感时总是能够那么酣畅淋漓，尽善尽美。

其实，女人之所以是表达情绪的高手，是因为女人的情绪天生就比男人丰富。情绪，就像女人生命的主宰。情绪好的女人像天使，带给所有的人欢笑与掌声。

然而丰富的情感往往使得多数女性情绪起伏不定，负面情绪占据内心的时间越来越长，你也会越来越压抑和不快乐。

有些心理医生会帮助患者压抑情感，忽略情绪问题，借此暂时解除患者的心理压力。患者便对负面能量产生一定的控制力，所有的情绪问题似乎迎刃而解了。压抑情绪或许可以暂时解决问题，但是等于逐渐关闭了心门，变得越来越不敏感。虽然你不会再受到负面能量的影响，却逐渐失去了真实的自我。你变得越来越理智，越来越不关心别人。或许你可以暂时压抑情绪，但在不知不觉中，压抑的情绪终将反过来影响你的生活。

面对情绪问题时，心理医生的建议是：如果有人伤害了你，你必须回忆整个过程，不断描述其中的细节，直到这件事不再影响你为止。这样的心理治疗方式只会让感情变得麻木。你似乎学会了压抑痛苦，但是伤口仍然存在，你仍会觉得隐隐作痛。

另外有些心理医生则会分析患者的情绪问题，然后鼓励患者告诉自己，生气是不值得的，以此否定所有的负面情绪。这些做法都不十分明智。虽然通过自我对话来处理问题并没有什么不对，但我们不该一味强化理性，压抑感情。总有一天，你会发现，你已背负了沉重的心理负担。

女人遇到问题时要讲道理，不要动不动就闹情绪，发脾气。如果实在是无法控制自己的情绪，不妨用一些无伤自己与他人的方法来解决。

一天深夜，一个陌生女人打电话来说："我恨透了我的丈夫。"

"你打错电话了。"对方告诉她。

她好像没有听见，滔滔不绝地说下去："我一天到晚照顾小孩，他还以为我在享福。有时候我想独自出去散散心，他都不肯；自己却天天晚上出去，说是有应酬，谁会相信！"

"对不起。"对方打断她的话，"我不认识你。"

"你当然不认识我。"她说，"我也不认识你，现在我说了出来，舒服多了，谢谢你。"她挂断了电话。

其实每个人或多或少都有些难以释怀的现实，此时不应该把这些锁在心中而是应该寻找一种适合自己的释放方式，展现出自己的让人意外的美丽，生命也因此会有戏剧中的美满结局。

每个人的一生都要经历一些痛苦，不管你是穷人还是富人，也不管你是领袖或是乞丐。每一次痛苦袭来的时候，我们都会感到天不再蓝，树不再绿，美丽的世界一下子变成了无边无际的黑暗世界。但是痛苦不能自己消失，只有适当地把痛苦释放出来，人才能继续健康地活下去。

美国钞票公司的总经理伍德赫尔在年轻的时候曾经是一个小公司的职员，他得不到重视，得不到提升，总是觉得这不对，那不好，愤怒、不满总是缠绕着他。

他说："有一个时期，我这种感觉非常之厉害，并渐渐扩大，以至我觉得不得不离此而去。但是在我写辞职信之前，我去拿了一支笔和一瓶红墨水——因为黑墨水不足以发泄我火热的愤怒——坐下来把我对于公司中每个上级职员和经理的评判，都写出来。我写得很不错，用了不少的形容词。然后我把单子收起来，把我的忧愤说给一个老友听。"

当时，那位老友叫伍德赫尔再拿一瓶黑墨水来，把这些人的才能写出来，并要求伍德赫尔把自己所能做的事也写出来，同时写一份在十年内如何提升自己地位的计划。

当伍德赫尔把写着红字和黑字的两张纸一比较，愤怒竟然都消失了！

伍德赫尔一下子就冷静下来，决定继续留下来工作。后来，面对愤怒和不满的时候，伍德赫尔总是用这种办法来解决。伍德赫尔说："以后凡是我忍不住的时候，我便坐下来把我所要说而不敢直说的话都写下来。这实在是一种很好的安全活塞。我写了之后，便觉得一身轻松。我把写的这些东西收藏起来，不给人看。一年一年之后，别人都晓得我有一种自制的能力。我劝告一般在管理别人的人，无论年轻年老的，都学着写这种红墨水纸条，以约束自己。"

聪明的人完全能够定期排除负面能量，而不是依靠压抑情感来解决情绪问题。敏感的心是实现梦想的重要动力，学会排除负面情绪，这些情绪就不会再困扰你，你也不必麻痹自己的情感。

如果你生性敏感，当你学会如何排除负面能量后，这些累积多时的负面情绪就会逐渐消失。此外，你还必须积极策划每一天，以积蓄力量，尽情追求梦想，这是你最好的选择。

生活中，大概谁都会产生这样或那样的不良情绪。任何不良情绪一经产生，就一定会寻找发泄的渠道，当它受到外部压制，不能自由地宣泄时，就会在体内发泄，危害自己的心理和精神。每一个人都难免受到各种不良情绪的刺激和伤害。但是，善于控制和调节情绪的人，能够在不良情绪产生时及时消释它，克服它，从而最大限度地减轻不良情绪的影响。因此，最好能找到一种不会危害到别人的适合你的发泄方法，给坏情绪找个出口。

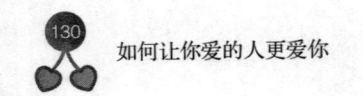

知足常乐，女人不要总是羡慕别人的幸福

女人，不要去羡慕别人所拥有的幸福，你以为你没有的，可能正在来的路上；你以为她拥有的，可能正在去的途中。喜欢比较的女人们常常看到的风景是：一个人总是仰望和羡慕别人的幸福，一回头，却发现自己正被仰望和羡慕着。其实，每个人都是幸福的，只是，你的幸福，常常是在别人的眼里。幸福这座山，原本就没有顶、没有头，我们不要站在旁边羡慕他人的幸福，其实幸福一直在你身边。只要我们还有生命，还有可以创造奇迹的双手，我们就没有理由成为旁观者，更没有理由去抱怨生活和身边的男人。在生活中，特别是女人，她们总是不由自主地去羡慕别人所拥有的东西，羡慕别人的工作，羡慕朋友买的新房子，羡慕别人的车子等，唯独忽视了一点，我们自己也是别人所羡慕的对象。可谓风景在别处，说的就是这个道理。

在老公的眼里，小文什么都好，就是喜欢比较，比较之后就开始抱怨，然后两人就开始吵架。在小文看来，什么都是别人家里的好。她经常在老公面前说的就是："你看别人的老公多体贴，看着这么大的雨，他硬是从城东坐车到城西，接老婆下班回家，你呢，你什么时候去接过我啊？嫁给你真是受委屈了，你说那样的好男人，我怎么没早点遇到呢？""你看邻居的房子，装修得多有气派，全是欧式的风格，材料用的都是进口的，人家那口子，多挣钱，你呢，天天窝在一个发不起工资的单位，别提有多窝囊了"。以前，听到小文的抱怨，老公还会沉默，只是听她唠叨，但听得多了，老公也不服气了，怎么自己就比别人家差了？结果，两人又是一顿大吵。

这天，小文回到家，又是一脸的垂头丧气，她说："你看咱们公司同事的老公个个都升职加薪了，阿丽的老公还被派出国进修去了，瞧瞧你，没出息的样子，我当初怎么就选了你这样的男人啊。"坐在沙发上看电视的老公气不打一处来，扔下报纸，回答道："你除了会抱怨，还会别的吗？你说遇到我这样的人不幸，我看我遇到你这样的人才倒霉，每天在公司已经够累了，回家还听你论这家长，那家短的，别人的生活就是那么幸福吗？你亲眼所见吗？我是一个活生生的男人，不是你比较来比较去的什么东西。"说完，摔门而去，小文呆住了，半天没回过神来。

她一个人坐在客厅，仔细回忆自己的行为，难道自己真的像老公所说的那样，除了抱怨还是抱怨吗？难道羡慕别人的幸福也有错吗？猛然，她想起了同事对自己的夸赞："小文，我可真羡慕你，儿子聪明伶俐，老公帅气能干，哪像我，虽然老公连连升职加薪，但天天不见人影，这哪是人过的日子呀。"看看自己的家里，温馨整洁，到处都是老公的创意设计，家里的装修全是老公当初一个人设计的，当时自己还狠狠地夸奖了，怎么现在自己就变成这样子了呢？

当你在羡慕别人的幸福生活，为什么不与自己相比较呢，看看自己是否越来越好了，是否离自己期望的目标越来越近了，经常给自己鼓励，同时也鼓励身边的男人，你会发现，自己的生活是越过越好。说不定你在羡慕别人幸福的同时，别人也正在羡慕你呢。

1.硬币有反面也有正面

在这个世界上，并不存在十全十美的人，那些我们所羡慕的人同时也在承受着他们的不如意。正所谓家家有本难念的经，人虚荣的本性使得他们把自己风光的一面展现给世人，但又有谁真正看到别人风光背后呢？其实，每件事都有两面，就好像硬币一样，有正面就有反面。

2.与其羡慕别人，不如好好经营自己的生活

别人的生活再幸福，那也是永远羡慕不来的。羡慕别人幸福的生活，那是因为我们期待完美，期望可以活得更好，但我们却忽视了一点，每个人的境遇不一样，别人的幸福是无法模仿的。与其仰望别人的幸福，不如鼓励身边的男人，学会经营自己的生活；与其羡慕别人的好运气，不如借鉴别人努力的过程。

有这样一则有趣的寓言："猪说假如让我再活一次，我要做一头牛，工作虽然累点，但名声好，让人爱怜；牛说假如让我再活一次，我要做一头猪，吃罢睡，睡罢吃，不出力，不流汗，活得赛神仙；鹰说假如让我再活一次，我要做一只

鸡，渴有水，饿有米，住有房，还受人保护；鸡说假如让我再活一次，我要做一只鹰，可以翱翔天空，云游四海，任意捕兔杀鸡。"其实，这样的现象不仅仅是动物，人，尤其是女人也往往喜欢拿自己的生活与别人做比较，结果是"人比人，气死人"。比较之后，发现自己什么都不如别人，自然免不了生出许多抱怨，她们开始抱怨男人没能力，开始抱怨生活，最终，那些细碎的语言就如同导火线一样，点燃了夫妻之间的战火。

与其悔恨，不如当下就控制情绪

每个女人，都有属于自己的情绪体验，不同的事情不同的情况会产生完全不同的心情。然而面对繁重的工作和生活压力，负面情绪总是很轻易地占据我们的脑海，一旦情绪失控，我们的工作和生活都会受到影响。所以身在职场的女人，更是要学会控制和梳理自己情绪的方法，对待各种不同的情绪每个人都有自己的方式，但是无论何种方式都要遵循一个原则：就是通过正当的方式进行发泄和疏导，一定不能为了发泄情绪而做出伤害他人和伤害自己的事情。

可能很多女人都有过这样的体验：自己刚说出口的某句话，忽然自己就后悔了，尤其是当对别人做出评价的时候，既想说出自己的真实感觉，又不想伤害别人，真是进退两难啊。

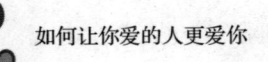

但是偏偏很多时候自己没想那么多，这话自己就出来了，又或者很多话只有说出来了才让人意识到它的威力。的确，人都是冲动的，很多人的本性我们不能改变，但是在我们说出每一句话，做出每一件事之前，我们可以试着控制自己的情绪。

新的一届竞选又开始了，一位准备参加参议员竞选的候选人向自己的参谋们讨教如何获得多数人的选票。

其中一个参谋说："我可以教你些方法。但是我们要先定一个规则，如果你违反我教给你的方法，要罚款10元。"

候选人说："行，没问题。"

"那我们从现在就开始。"

"行，就现在开始。"

"我教你的第一条方法是：无论人家说你什么坏话，你都得忍受。无论人家怎么损你、骂你、指责你、批评你，你都不许发怒。"

"这个容易，人家批评我，说我坏话，正好给我敲个警钟，我不会记在心上。"候选人轻松地答应道。

"你能这么认为最好。我希望你能记住这个戒条，要知道，这是我教给你规则当中最重要的一条。不过，像你这种愚蠢的人，不知道什么时候才能记住。"

"什么！你居然说我……"候选人气急败坏地说。

"拿来，10块钱！"

虽然脸上的愤怒还没褪去，但是候选人明白，自己确实是违反规则了。他无奈地把钱递给参谋,说:"好吧,这次是我错了,你继续说其他的方法。"

"这条规则最重要,其余的规则也差不多。"

"你这个骗子……"

"对不起,又是10块钱。"参谋摊手道。

"你赚这20块钱也太方便了。"

"就是啊,你赶快拿出来,你自己答应的,你如果不给我,我就让你臭名远扬。"

"你真是只狡猾的狐狸。"

"又10块钱,对不起,拿来。"

"呀,又是一次,好了,我以后不再发脾气了!"

"算了吧,我并不是真要你的钱,你出身那么贫寒,父亲也因不还人家钱而声誉不佳!"

"你这个讨厌的恶棍。怎么可以侮辱我家人!"

"看到了吧,又是10块钱,这回可不让你抵赖了。"

看到候选人垂头丧气的样子,参谋说:"现在你总该知道了吧,克制自己的愤怒,控制情绪并不容易,你要随时留心,时时在意。10块钱倒是小事,要是你每发一次脾气就丢掉一张选票,那损失可就大了。"

选票对于候选者的意义和工作对于职员的意义是一样的,一个总是悔恨却不知悔改的女人,很可能因为自己的谩骂而失掉选票,而一个职员却可能因此而失去工作。作为女性职员,控制好自己的情绪更是工作之中的重中之重。女性往往比男性更加敏感，情绪也更加容易出现波动，即使是同伴无意中的一句话，也可能影响到一个女人一整天的心情，更不要说是正面的冲突或者不快乐。然而越是如此，女人才越应该表示出应有的大度，别人气你，你便生气，不就正好中了别人的招吗？你一生气，情绪一失控，难免会做出些头难发热的事情，等到你冷静下来再想挽回，那不知要付出多大的代价呢。

既然如此，就要从一开始就控制好自己的情绪，千万不能应了"早知今日，何必当初"的悔恨的话，世界上没有卖后悔药的，相信控制自己比牺牲更多去挽回损失要容易得多。

根据心理学家研究，女人的每一个决定和行为，都或多或少地受到情绪的影响。无论是对学习还是对社会适应能力来说，情绪都扮演着非常重要的角色。正所谓"心情决定事情"，做不了情绪的主人，就要被情绪左右。为了更好地适应社会，每个人都应该学会调节自己的情绪，理智客观地处理所有问题，不让自己陷入一再悔恨的漩涡中。

美国作家大卫·雷诺兹在他的书中曾经提到这样的"情绪法则"。

1.情绪不能直接被意愿所控制

也就是说，你无法让自己感受到任何情绪。不过，你可以通过各种途径，去间接地影响自己的情绪……情绪是不可控制的。

2.必须顺乎自然地去认识情绪,接受情绪

处理情绪的最佳策略,便是先接受它们,并看自己能从中学到些什么。有时,情绪本身会给我们一些暗示,暗示我们需要干些什么。

3.无论情绪本身如何令人不愉快,每一种情绪都有不同的用途

所要记住的是,即便在最令人不快的情绪中,也潜藏着变好的可能。而对这种可能,我们应加以利用。认识到所有情绪都有好的一面,我们就会对各种各样的情绪加以珍惜。这样一来,我们就再也不必白费经历去摆脱那些"不受欢迎"的情绪,而应该从中学会某些东西。

4.时间会逐渐磨损各种情绪最初的威力

无论何种情绪,只要不被重新刺激,它就会随时间而消逝。

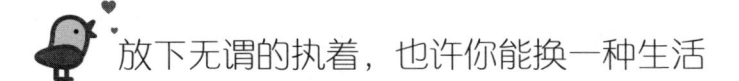

放下无谓的执着,也许你能换一种生活

或许生活中有许多令你不开心或是非常担心的事,或许你觉得上天不公,把所有痛苦和不美好都给了你,又或者你的人生从一开始便有一丝缺陷,你觉得自己天生比别人差一些……但是世界上没有不弯的路,人间没有不谢的花,哪个人的生命旅途是一帆风顺,没有丝毫风雨的呢?生活是艰难的,你无法

逃避，积极面对才是解决问题的真正办法。然而，当挫折和逆境让我们感到无能为力时，换一种心情，换一种思考方式，该在意的要在意，该放下的就放下，或许问题便迎刃而解了。

从前有一个老太太，她没有儿子，只有两个女婿，大女婿是个开染坊的，二女婿是个做油伞（古时候的伞是木杆布面的，在布面上刷上油，一般只在下雨遮雨用）的。这个老太太整天愁眉苦脸的，总是忧心忡忡。

这天有个货郎路过，见到她整天忧心的样子，就好奇地打听原因。

老太太说："我没有一天不发愁，我为女婿的生意担心啊。晴天我惆怅，我二女婿的油伞卖不出去，他不能开张；雨天我也发愁，你看，我大女婿的染坊晒不成布他也不能开张。哎呀，愁死我了！"

货郎听后，哈哈一笑，"你为什么不换个角度想呢？晴天，你应该高兴，你看，你大女婿的染坊生意红火了；下雨天儿，你也应该高兴，你二女婿的油伞都卖出去了。"

老太太一听，对呀，是这个道理。从此，她天天快乐，精神好了，日子也红火了。

生活中像这个老太太一样想问题的女人着实不少，她们希望自己的老公有本事多赚钱，又怕老公有钱了就去外面拈花惹草；她们想减肥又怕自己吃太少营养不良；想吃红烧肉又怕热量太高会长胖……整天这样忧心忡忡的，怎么可能过得开心呢？其实，像那个货郎说的那样，换个角度想问题，让自己的思想彻底解放，你想美好的事，生活便是美好的，心情也会舒畅很多；你想发愁的事，你的困难也不会减少。

曾经有个非常快乐的女人，大家都很羡慕她，有人就问她："为什么你每天都是那么快乐呢？"她说："我每天起床的时候都要问自己，你今天是要快乐还是要痛苦呢？我当然选择快乐，所以我每天都是快快乐乐的。"

心理学家曾做过"半杯水实验"，较准确地预测出乐观者和悲观者的情绪特点。悲观者面对半杯水说："我就剩下半杯水了。"乐观者则说："我还有半杯水呢！"因此，对乐观者来说，外在世界总是充满着光明和希望。

一美国人着泳装在撒哈拉大沙漠游玩,一群非洲土著人好奇地盯着他。

"我打算去游泳。"美国人说。

"可海洋在800公里以外呢。"非洲土著人提醒道。

"800公里！"美国人高兴地说，"好家伙，多大的海滩哪！"

在悲观的人眼里，沙漠是葬身之地，800公里是遥远，人生是痛苦；在乐观的人眼里，沙漠是海滩，800公里是享受，人生是希望。

乐观使人经常处于轻松、自信的心境，情绪稳定，精神饱满，对外界没有过分的苛求，对自己有恰当客观的评价。乐观的人在受到挫折、失败时，常会看到光明的一面，也能发现新的意义和价值，而不是轻易地自责或怨天尤人。而悲观者一般是敏感、脆弱、内心情感体验细致、丰富，一遇挫折就会比一般人感受得深，体验得多。

心理学研究证实：如果女人想的都是快乐的念头，她就能快乐；如果她想的都是悲伤的事情，她就会悲伤；如果想到一些可怕的情况，就会害怕；如果沉浸在自怜里，大家都会有意躲开她。如果女人想的尽是成功，那结果又会怎么样呢？答案是她会成功。乐观与悲观部分是与生俱来的，但天性也是可以改变的。乐观与希望都可学习而得，正如绝望与无力也能慢慢养成。

面对人生的诸多波折，诸多不如意，如果我们无力改变现状，也不要烦躁、焦急或是暴跳如雷，做这些无济于事的举动只会给自己徒增烦恼。学会放下无谓的执著，换种心情，以欣赏的心态耐心等待，柳暗花明的一刻也许更会早些到来。

对于生活的智者来说，变幻莫测的世界和残酷的现实，怎能只用一种心情面对呢？换一种心情，不做无谓的挣扎，忘记悠远的愁思，你的天空会更蓝，你的人生将更加精彩！

要想摆脱忧愁，使自己乐观起来，女人要尽可能和快乐的女人在一起。你是否有过这样的经历？在一个地方，或是和一些人相处，你会感到焦虑不安、脖子酸痛、疲惫不堪。你不知道到底是哪里不对劲，但就是觉得不舒服。但是和另一些人相处时，你就会觉得精神百倍，身体上的不适感也慢慢消失。在这些人的陪伴下，你觉得事事如意，这些人所散发的正面能量，让你感到更快乐、更安详、更有信心。乐观的人是不会被打垮的，如果你也想变成这样一个人，现在就赶快行动起来吧。

往事如烟，不必纠缠

悠悠往事如铭记于心的照片，凌乱而充满记忆，总是在心灵深处盘旋，让你在毫不经意间忆起，又百无聊赖地想忘记；悠悠往事如默默生长的兰草，总对你含情脉脉地吐露芬芳，而在你留意之时，却不经意间枯萎了；悠悠往事如转瞬即逝的烟花，曾经绚烂非凡，却不可能停留……

女人的记忆中盛放不了太多凌乱、不堪回首的往事，我们无须用过去的伤痛无止境地折磨自己。人生在世，不同的阶段会有不同的使命，过去的快乐和痛苦，请郑重地放下，不再纠缠，不再因它而伤感，而是珍惜地将它留在过去，留在记忆中，慢慢沉淀，而后，放下一切，再次快乐前行！

以前，雅兰每到深夜都会放一张CD——林忆莲的*Sandy*，碟中有：《至少还有你》《伤痕》还有《此情可待成追忆》等脍炙人口的经典歌曲，曾经那橘红色的表面像曾经温暖的爱情颜色，现在带给她的却是难以言说的伤痛。她曾试着不再纠缠于那段往事中，有一阵，她固执地以为不再听这张CD，就能回到那段往事之前，后来她才发现，她还是做不到。

CD是雅兰前男友去韩国前送给她的。那时雅兰生日，男友把那张碟子夹在一大堆写满誓言的贺卡与鲜花之间，从身后激情洋溢地递到她的面前。然后抱着雅兰，说："是你喜欢的林忆莲"，男友在雅兰耳边说着缠绵的言辞。那是她经历的第一次爱情。等待男友回国的日子里，雅兰满怀期待地听着Sandy，幻想着幸福的爱情和未来。

两年后，男友回国了，将一张粉红色的结婚请柬递到雅兰手上。雅兰呆呆地站在那里蓦然间不知所措，最终，雅兰没能参加他的婚礼，她们的爱情终成隔世的回忆。在那个伤心的晚上，雅兰听着Sandy，才突然发现：再繁华、美丽的爱情也禁不住时间的洗涤。男友完婚后，回了韩国定居，后来曾回国过一次，宴请了雅兰之外的所有朋友。当闺房密友把这个消息告诉雅兰时，她真的就像死过一次一样，朋友对她说："不见你，可能怕是不想让你伤心吧，你还是忘了他吧，这样无谓地纠缠、回忆没用的。"

于是雅兰发誓忘了他，让悲伤止步，于是，她离开了曾经充满甜蜜的城市，想从往昔的气息里彻底走出来，心情似乎也好了很多，渐渐，在新的城市，她邂逅了现在的丈夫，丈夫和她一样也爱听林忆莲的歌。当她再次听到《至少还有你》的时候，回忆如潮水般涌来，却带着让她安心的平静。这时，她才知道，她真的不再纠缠于过去了，能放下一切，开始她的新生活了！

女人活着，就要学会放下，放下毫无结果的爱情，放下已成明日黄花的往事，放下曾经深爱过却无法厮守的人，雅兰就是这样才从悲哀中解脱出来了，看到了放晴的天空。

女人生命过程中的每一段，走过了都无法再重来，除了偶尔的嗟叹、回忆之外，就不要过多地纠缠了，而应好好想想如何经营余下的人生，让自己短短数十年的人生更加精彩。每一个女人都是独一无二的，每一天也是独一无二的，在通往未来的旅程中，我们不必再为往事痛心，让它成为自己心中的枷锁，为自己徒增烦恼。

美娟是在一个工作环境很差的地方认识立强的，刚开始美娟没有在意立强，后来才慢慢对他有了好感。立强知道美娟爱戴手表，就在回老家之前送了一块手表给美娟，虽然美娟没有对他说什么，但她很爱惜立强送给她的东西，后来，美娟不小心在生日那天把手表丢掉了，当时她很难过。

在立强回老家后，他们之间的联系也是断断续续，有误会，也有快乐，美娟为他思念过、哭过而且梦到他跑回来找自己，还问过自己："我们能在一起吗？"美娟一直没对立强承诺过什么，因为她觉得他们好像不是一路的人，也因此没有征服自己与立强交往，答应去看立强也没有去，就这样过了一年。美娟再次过生日时，立强打电话对美娟说："这是我第一

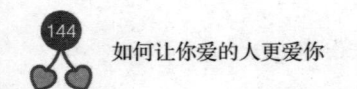

次送歌给你，也是最后一次。"当时听了一半已经是以泪洗面的美娟关掉了手机，一整天脸色都很差，这其实是她早有准备的结果，但她还是忘不了立强。

终于，立强结婚了，得知此消息的美娟痛不欲生，美娟常想如果不是他们家庭有别、城市不同，也许会走到一起，过得很幸福，而不是像现在这样，常常想念他。

美娟现在无论如何回忆过往，如何感叹：如果当时我和他在一起就好了，也终究只是枉然。与其总幻想着之前的华丽时光，凄凄然虚度年华；不如不再纠缠过去，收拾心情，活在当下，让笑容重新回到脸上。

往事，早已成梦。当一切已成过去，我们不妨轻轻地拥抱一下回忆里的温暖，感受一下记忆里的温度，然后干干净净地离开，不再纠缠于那一张张陈旧的照片、一页页泛黄日记，就这样，让那些刻骨铭心的往事慢慢地变成落叶，随风凌乱地散去……

既然没有缘分，不如笑着放手

爱情，是造物主赐予人类最美好的感情。在爱情面前，哪怕是最卑微的人也会怦然心动，在爱情的鼓励下，他们甚至会忘记自身的缺点和不足，从而鼓起勇气，勇敢追求真爱。然而，爱情又绝不是努力就能得到的。众所周知，爱情需要缘分的指引。最美好的爱情就是有缘也有分，而有缘无分的爱情只会使人感到遗憾，有分又没有缘的根本不叫爱情，或者可以叫搭伴过日子，也或者可以叫合作伙伴，总而言之叫爱情就是有些牵强的。

有人说，爱情如同流沙，越是将其牢牢地握紧在手掌心，越是容易导致沙粒悄悄从指缝间溜走，再也不见踪迹。也有人说，爱情如同知己一样是可遇而不可求的，只有在对的时间遇到对的人才能成就爱情，否则就是孽缘。当然，现代社会婚恋观点已经开放，人们更加勇敢地追求爱情，所以爱情享有更多的自由，也变得更加唾手可得。在这种情况下，每一个女人都想牢牢抓住爱情，从而使自己的人生变得绚烂多彩，也因为爱情的滋润飞上云巅。

在繁忙的大都市，每到华灯初上的时刻，每个夜路人的心中，都装满了温情。看着闪烁的霓虹灯，他们也许不止一次扪心自问：何时才能拥有属于自己的爱情，让心灵找到属于自己的归宿呢？的确，每个人的人生都有自己的剧本，而我们的爱情恰恰因为不同剧本的演绎，变得有了更绚烂的色彩和更使人意乱神迷的味道。

遗憾的是，爱情虽然如同烟花般绚烂，却也如同烟花一般容易消失。哪怕我们再怎么努力，也无法让烟花成为天空中亘古不变的风景，爱情同样如此。那么，当爱情如同流沙般悄然流逝，依然沉迷于爱情中的女人们，如何才能最大限度圆满自己的内心，让自己更加从容不迫呢？前文说过，女人最美好的姿态是从容优雅，遗憾的是很多女人在爱情将逝的时候非但不再从容优雅，反而变得歇斯底里。

当爱情转身，如果我们还不想让自己变得太难看，就要告诉自己微笑着放手。如果说这个世界上很多的东西都是有形有价的，那么爱情是世界上为数不多的无形且无价的珍宝之一。常言道，强扭的瓜不甜，对于爱情，我们同样无法强求。爱情就是如此神奇，当两个人相爱的时候，恨不得变成两个泥娃娃打碎了重新再捏起来，变得你中有我，我中有你。而当爱情转瞬之间不复存在，很多曾经的爱人都因为爱情的消失而反目成仇。尤其是当爱人之中有一方已经不爱了，甚至已经移情别恋了，而另一方还依然深爱着对方，丝毫没有感知到爱情的变化时，这种疼痛和憎恨更加彻骨。然而，我们并不能因此就放弃自己做人的底线和原则，甚至像一个乞丐一样奢求爱情，乞求爱情。

在热播的《我的前半生》中，全职太太罗子君就这样毫无防备地被爱情背叛了。当她一如往昔地对待爱情和生活中，陈俊生的心已然渐渐走远，直到他向毫无防备的罗子君提出离婚，这就已经注定了他们的爱情宣告终结。罗子君当然无法接受，毕竟在婚姻庇护所中的她过着衣食无忧的生活，那时的她对于自己的婚姻和家庭还是非常满意的。但是爱情的转移不以任何人的意志为转移，甚至当事人也无法左右和控制自己。虽然罗子君也哭过闹过，但是她还保留着仅有的理智。最终，她的骄傲和自尊，让她选择配合离婚，而且绝不摇尾乞怜。当然，罗子君没有做到微笑着放手，不过她最终还是获得了圆满的结果。可以说，大多数女人在面对婚姻突如其来的变故时，都很难做到完全平静如故。所谓的微笑着放手，是需要多么宽容大度和理解忍让啊！那么女人们，想哭的时候不妨痛痛快快地哭一场，然后擦干眼泪，从容地面对随之而来的命运，这已经是女人高姿态的放手，从容优雅的面对，也是女人们对自身的修炼。

女性朋友们，我们一定要相信，当我们给予他人岁月静好，未来，命运一定会回馈给我们一个更美好的爱人，赐予我们更加长久的幸福和深爱。否则，歇斯底里的我们伤害的不仅是他人，还有自己，乃至生命的尊严。很多事情，并非努力了就能挽回，也并非因为我们强烈的渴盼和愿望就能实现。最重要的在于，我们要心怀美好的渴盼，尽力而为，量力而行，当事情的结果无法让我们得偿所愿时，我们还要微笑着放手，从容迎接自己的新生活。生命如同书本，是可以翻篇的，只要我们的心愿意放过自己，我们就能成功走向人生新的一页。对于女性朋友们而言，在遭遇爱情的背叛时，微笑是一种大智慧，放手更是一种从容的姿态和更深刻宽容的爱。要相信，当我们学会放手，幸福一定会在人生的前方等着我们。

第08章

让感情不断升温的秘诀，是保持有效的沟通

说点甜言蜜语，让感情甜甜蜜蜜

人们有时会觉得甜言蜜语都是骗人的。可是，情人或夫妻并不觉得这是骗人的，相反，他们认为这是生活的柔顺剂。适当的、必要的甜言蜜语不仅能使你们冰释前嫌，更能使你们的关系获得长足的进展。如果你不会在恋人面前甜言蜜语，那你将失去很多的恋爱机会。

小亮与米琳经人介绍相处了近两个月时间。小亮对米琳非常满意，可是米琳对小亮却没有什么感觉，这使得小亮很苦恼。这一天，两人一起散步，经过一个工艺品店时，米琳的目光被一个缀着金色小钥匙的手机链吸引住了。小亮见状马上掏钱买了下来，并亲手替米琳挂到了手机上，他一边挂一边说："等咱俩结婚了，我给你买条纯金的换上。只要你喜欢，多少钱我都不会说个'不'字的。"米琳本来一脸笑意、满眼温柔地看着小亮摆弄那个可爱的小饰品，可听了这句话后，却一下子皱起眉，眼中的柔情也被冷漠所取代。她伸手拿过手机，将刚刚挂好的手机链三下五除二地解了下来，放进小亮手里，冷冷地说："谢谢你，我不喜欢。我还有事，先走了。"然后便快步离开了。小亮无论如何也没想到，自己满心期待的热恋还没开始，就因为自己的一句话被冷处理了。

米琳为什么会马上转变情绪，由一脸笑意到冷漠呢？从心理角度看，女孩子天生有颗浪漫的心，尤其是恋爱中的女孩子，在她们眼里，再多的黄金也比不上爱人的一句贴心情话；再大的钻石也比不上与爱人的心心相印。米琳喜欢手机链，只是单纯喜欢他的小巧精致，而不是因为它具备黄金的颜色。刚开始，她一脸柔情，是因为小亮看出了她喜欢手机链的心思；而后来，她立马转变情绪，是因为小亮那番自以为会打动女孩的话。在小亮看来，这番话是发自肺腑的，并不是虚情假意。可是对听者来说，这番话不仅暴露出小亮庸俗而缺乏浪漫的一面，同时，他这么说，也误会了米琳的意思，米琳自然会产生这样的想法：小亮的心思与自己的想法风马牛不相及。尤其是小亮话里的意思，居然以为自己是个拜金主义者，这无疑是对自己圣洁感情的玷污！因此，可以说，米琳的愤然离开是小亮的那番话所导致的必然结果。

美好的爱情需要甜蜜语言的浇灌，说得好则会让爱情之树不断成长壮大，但是如果说不好，爱情也会提前枯萎，就像故事中的小亮那样。所以说，沟通的过程中一定要会说话，把话说好，这样才能起到最佳效果。

有的人不知道该怎样说甜言蜜语，有的人又感觉说出来显得有点做作，有的人也会觉得有些话让人感到很肉麻……如何说才能起到最好的效果呢？卡耐基建议说："当你感到一股穿堂风吹过或觉得闷热时，你说些什么呢？你会脱口而出:'真凉快!'或是:'真热!'无须多想,也用不着长篇大论,爱的语言就是这样。如果你正和爱人待在一间屋里,你觉得能和她在一起真高兴,那你就对她说:'和你在一起我真高兴。'"

1.善于观察对方的优点

说甜言蜜语,就要多留意配偶的优点,根据研究发现,人类最需改变的特质——总是注意缺点,忘了别人的优点。其实每个人表现出来的行为中,优点往往甚于缺点,何妨善用"第三只眼",抓住另一半的优点,并予以适当的赞美呢?

2.摆正心态,自然一点

不要不好意思,也不要觉得没有必要,向伴侣表达你的热情。这是你的义务,也是你的责任。向伴侣表达自己的关爱应该是一件非常简单也非常自然的事,不必伪装,不要做作,不一定非要想出一些肉麻的话,只要是发自内心的,就像"好久不见,一直非常惦记你""希望现在就能见到你""最高兴的时刻就是有你陪伴的日子""你做的饭真的是超级好吃"这样平常的话语也一样能让对方觉得温暖。

3.蜜语也要有讲究

说甜言蜜语也要讲究分寸,不同的情感阶段有着不同的说话方式。比如说,如果和女方交往不深,切不可直入主题,对对方说"嫁给我吧"之类的话,这些话会显得唐突,也会使自己陷入难堪。在初次见面的时候,交谈用语要温柔谦虚,力避趾高气扬,唯我独尊。要表现得稳重、诚恳,切不要给人浮华不实的印象。

夫妻间的"甜言蜜语",实际上就是种充满感情的言语交流。综观许多关系冷漠的夫妻,他们的共同之处就是相互间语言太苍白、太没人情味了,以致情感冷却,甚至走到家庭破裂边缘。所以,甜言蜜语对于夫妻比恋爱时的谈情说爱更为重要。

家庭矛盾,需要高情商来化解

两个人一起过日子,不可能没有一点磕磕碰碰,所以说出现矛盾是一件非常正常的事情。矛盾不可怕,怕的是那些不考虑言行、场合,采取一些简单、粗暴、过激的行为解决问题的方式。这不仅不利于矛盾的化解,反而会伤害夫妻感情、激化矛盾。因此,化解家庭矛盾也应讲究技巧和艺术性。如果两个人情商都不高,不善于化解矛盾,使矛盾达到不可收拾的地步,愤恨就会油然而生,这会给家庭生活带来非常大的不幸。

常勇下班回家后,发现他的妻子莉莉正在收拾行李。"你在干什么?"常勇问。

"日子过不下去了,"莉莉喊道,"一年到头老是争吵不休,我要离开这个家!"

常勇困惑地站在那儿,望着莉莉提着皮箱走出门去。忽

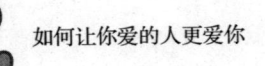

然,常勇跑进卧室,从架子上抓起一个箱子。"等一等,"他喊道:"莉莉啊,其实我也过不下去了,既然都过不下去,那你就带我一起走吧!"

其实,小两口之间难免会发生口角,但又不是快刀斩乱麻般地断绝情义。在这种"割不断,理还乱"的感情状况下,无论哪一方来点幽默,都能化解矛盾,让对方破涕为笑。

朋友们,相信大家生活中都或多或少遇到过一些磕磕绊绊、吵吵闹闹,那么你知道怎么巧妙化解这些矛盾,让彼此关系更加亲密吗?希望下面的小点子能给大家带来帮助。

1.改改自己的脾气

要改变自己是不容易的,是要经过激烈的思想斗争的,因为它意味着承认自己错了,如果没有点气量的人难于做到这一点。但是,你如果想消除矛盾,你就必须主动改变自己,这样往往会很快打破僵局。

2.主动和解

为了家庭和谐良好的氛围,无论在任何时候,你必须要敞开和解的大门,并且对此坚持不懈,不管你们发生怎么样的不愉快,产生了什么样的矛盾,它们总不能妨碍你对家人说:"我爱你!我的家人!"

3.学会幽默化解

幽默是化解矛盾的一个非常有效的方法。用风趣、幽默的语言和行为,消除对方的逆反心理和敌对、抵触情绪,使之破涕为笑，在笑声中融洽气氛，营造宽松的心境，使矛盾自然而然地得到淡化、和解。

4. 说点甜言蜜语

甜言蜜语不仅能让彼此的情感迅速升级，还能让彼此之间的矛盾瞬间化解，可以说是融合感情的一种极佳方式。比如，当妻子生气时，说一点甜言蜜语，可以让妻子的火气顿时消下去很多；比如说女人的温柔，丈夫也不是天天开心，哪一天你的唠叨让他心烦时，千万要静下来，尽展你的温柔。

5. 让自己做到最好

家庭矛盾的症结大多在于我们对别人要求得太多，对自己的行为不能负责。想化解家庭矛盾，先做好自己，比去改变别人的过程更简单，收效也更明显。你要控制自己的言行，先尊重别人，对方才会尊重你。

6. 不说对方的短处

夫妻之间贵在相互理解、相互信任、相互尊重。聪明的人经常夸奖自己的爱人，满足爱人的心理需求，因而深化了夫妻感情。每个人都有他的长处和短处，谁都不愿意他人触及伤痛，更怕自己的亲人揭短。如果说，连自己的爱人都小瞧自己，心灵所受的伤害将有多大！

7. 学会说句"对不起"

适时地向自己的亲人道歉，可以避免引起令人头痛的争吵甚至更严重的冲突。从这点上说，致歉比答谢要重要得多。诚心地道歉和由衷地谅解将会使人们感受到人与人之间最美好的情感，并更加密切彼此间的关系。

8.多拿时间谈谈心

夫妻两人最好每周花费一点时间找一个僻静的地方聊一聊。开始时可以谈谈一周来夫妻双方对家庭环境有何感想，谈一点儿双方对某些事情或行为的疑惑，最后还可以谈一谈各自的理想和愿望。只要能提出改善夫妻关系的建设性意见，夫妻双方就能够感到愉快。

对待家庭矛盾，要在正常的心态下，加强理解和沟通，尽量让家庭的各个成员为共同的目标而努力。在矛盾纠纷中找到双方共同的目标和价值取向、行为方式；而对双方的生活习惯、感情习惯等存在不同的地方，也要彼此包容，只要不涉及原则问题，完全可以"存异"。

不要急于争执，妻子不妨换个表达方式

"围城"里难免潜伏着两个人的战争，但战争的走向如何，是矛盾升级，还是言归于好，主要取决于妻子的言语。有时，恰到好处的一句话，不仅能平息争论、掌握主动，还能让你们的婚姻更加亲密、快乐和融洽。

有时，一场争执往往在所难免，错误信息的传递眼看就要

引发夫妻大战。如果能有一些更好的方式来表达你的感情那该有多好……其实，只是字眼的小小改变却能令你所表达的意思有很大的不同。关键在于调节你的情绪不要带着火气和抱怨。这才是创造和谐关系的秘密所在。

1.将"你令我发疯了"说成"你的做法令我很难受"

你得明确表达是什么在影响着你的情绪，笼统地否定一切只会令婚姻关系愈加紧张，解释清楚你生气的理由极为重要。你需要强调他的行为带给你的感受，但不要列出一大堆的抱怨和委屈清单。要记住：一次只指出一个问题，诸如，"当我想跟你说话而你只顾自己看电视时，真的叫我很难受。"

越早说出自己当时的感受越好，奥尔森博士解释说，"你令我快疯了"这句话意味着你的情绪经过长时间的压抑之后已经上升到了一个过激的水平。

2.将"我就是想离开你"说成"那给我一种想要离开你的感觉"

很多夫妻吵架后，妻子会负气地说："没错，我就是想离开你。"这种话听上去有一些威胁的味道，它可能会令对方产生一时的震惊，但这往往是很危险的。你的丈夫可能会说"再见"，然后转头真的离开！或者讽刺你的言行不过是做做样子，然后对你的愤怒和伤心更加若无其事。而这两种结果都是对你极为不利的。因此，在寻求沟通的时候，千万不要盲目，不要让你的话真的"覆水难收"。

3.将"我知道你就会那样说"改成"你以前就曾那样说过"

当你用十分不耐烦且责备的语气说"我就知道你会那样说"时,无异于是在骂他"笨蛋、愚蠢"。轻蔑会加快婚姻的崩溃。因此,除非你真的不爱他了,不想继续你们的生活了,否则不要说这种轻蔑丈夫的语言,因为它的攻击力往往比直接咒骂丈夫更加厉害。

较为明智的表达是:"你以前就曾经这样说过,所以它一定还在困扰着你。"这样说,既真诚地考虑到了他的感受又表明你希望能为解决问题做些什么。对生活中彼此每一点细微之处都试着去体会和沟通,你们的婚姻才会更为牢固。

4.将"你怎么总是不听我说"改成"我希望你能听听我的建议"

《爱在平等间:如何真正让婚姻平等》一书的作者,美国西雅图华盛顿大学的社会学教授佩伯·施沃兹指出:"使用'总是''从不'这样的字眼,你的丈夫此刻就不可能和你进行正常的交谈。"因为你这种责备的语言不仅伤害了丈夫的感情,而且还夸大了自己的怨气,更加让对方无法接受。

而将话语说成"这对我很重要,希望你能认真听听",则会令你有机会说出被他拒绝的话,而且可以提出解决问题的建议。当你真的说出这句话的时候,相信你的心情已经开始平静了。

5.将"你怎么能那样对我"说成"你这样做会令我很伤心"

深夜时分,一对夫妻争吵起来,丈夫生气地摔门出去,这令妻子更加伤心。第二天,丈夫回家后,妻子用担心的语气说:"你为什么那么晚还离开家呢?这让我很担心,没有什么事情比你的安危更令我抓狂的了。"话一出口,丈夫也觉得自己昨晚摔门而出的做法真的不妥,两人彼此道歉后,平心静气地谈了出现分歧的问题,很快便打破僵局,重归于好。

相互指责并不能很好地解决问题,而且还会令夫妻双方受到更大的伤害。因此,即使对方的做法不妥,也不要轻易说出指责对方的话,你可以清楚地表达自己的感受。当你说出自己的感受时,身为男人的他,会开始深刻检讨自己,并对你的感受做出积极响应。

有爱情就有争吵,有争吵就有妥协,关键是看你采用什么样的战术。男人和女人的想法、行动都不同,甚至连吵架的方法、原因都不同。也许根本就不是什么原则问题,而是你俩在交流的过程中出现了盲区。所以说,在出现矛盾的时候,不要急于争执,如果你把话转个弯、换个表达,或许你们之间的情感将会越来越深厚。

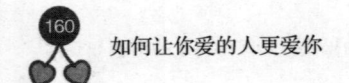

偶尔"斗斗嘴",其实是恋人间的情趣

在许多青年恋人中,尤其是有较高文化素养的情侣们中间,有一种十分独特、有趣的语言游戏,那就是"斗嘴"。恋人间斗嘴一般并非要解决什么实质性问题、作出什么重要决定,而仅仅是借助语言外壳的碰撞来激发心灵的碰撞,从而达到两颗心的相知与相通。因而恋人们常常为一句无关紧要的话、一件微不足道的事"斗"得不可开交,局外人很难领会到其中的奥妙与乐趣。

恋人间的斗嘴从形式上看和吵嘴很相似。你有来言我有去语;你奚落我,我挖苦你;毫不相让,"锱铢必较"。但与吵嘴根本不同的是:"斗嘴"时双方都是以轻松、欢快的态度说出那些尖刻的言辞,有了这层感情的保护膜,"斗嘴"就成了一种只有刺激性、愉悦性却无危险性的"软摩擦",成了表现亲密与娇嗔的最好方式。

正因为斗嘴具有形式上尖锐而实质上柔和的特点,它就比直抒胸臆式的甜言蜜语有了更大的展示情人间真实感情与丰富个性的广阔空间。所以沐浴爱河的许多女人都喜欢进行这种语言游戏,在这种轻松浪漫的游戏中,加深彼此的了解,增进相互的感情,同时也调剂爱情生活,使恋爱季节更加多姿多彩。

斗嘴不仅仅是一种语言游戏。有时它还是消除恋人间摩擦的一种别致而有效的方式。比如你和男朋友出外旅游,很不顺利，不是走错路线，就是耽误了食宿，这时候男友就会心生抱怨："哎呀，怎么和你在一块老是碰到倒霉的事呢？"面对指责，你可不能跟他动气："嫌和我不顺，你另找别人！"这样谁都不好看，还会伤了感情。你不妨跟他斗斗嘴：

"对啦，我们就是夫妻命嘛！"

"什么叫夫妻命？夫妻就该倒霉吗？"

"夫妻就是要共患难呀！想想看，要不是有你在身边，我一个人哪里应付得了这些？"

相信他听到这些话，气自然会消的。

既然斗嘴是一种有趣的语言游戏，那么它和别的游戏一样，也有一定的"规则"，需要恋人们特别注意：

1.要把握好感情的深浅

谈话有一个总的原则："浅交不可深言。"这话同样适用于恋爱中。如果双方还处在相互试探、感情朦胧的阶段，要想以斗嘴来加深了解，可以选择一些不涉及双方感情或个人色彩的一般话题，如争一争是住在大城市好还是隐居山林好，斗一斗是左撇子聪明还是"右撇子"聪明等，这样双方可以不受拘束，"安全系数"也大。如果已是情深意笃，彼此对对方的性格特点都比较了解，斗嘴就可以嬉笑怒骂百无禁忌。

2.要留心对方的心境

斗嘴因为是唇枪舌剑的交锋，就需要有一个宽松的环境、充分的心灵放松，才能享受它的快乐。因此斗嘴时要特别注意

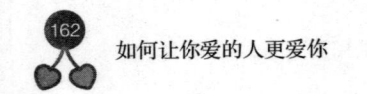

恋人当时的心境。如果你的恋人正在为结婚缺钱而愁眉不展时,你却来一句:"你怎么啦?像谁欠你二百吊钱似的。"你准会受到抱怨:"我正心烦得要死,你还有心逗乐,怎么一点体贴之心都没有?"这样,斗嘴的味道就会变得苦涩了。

3.最好不要刺伤对方的自尊

恋人间斗嘴,最爱用谐谑的话语来揶揄对方,往往免不了夸张与丑化。但是这种夸张与丑化,也要照顾到对方的自尊,最好不要涉及对方很在乎的生理缺陷或他很敬重的父母,也不要挖苦对方自以为神圣的人和事,否则就有可能自讨没趣,弄得不欢而散。

斗嘴,是恋人之间用来增加感情的"食料",然而,使用不当的话,也可能会给彼此的感情带来伤害。因而,女人在与恋人斗嘴时,一定要注意这些方面,才能"斗"出情趣,"斗"出境界来!

巧妙"积极暗示",让男人变得更优秀

在我们的感情生活中,有一个非常有趣的现象是,男人们的自我评价大部分来自妻子对他们的看法。如果妻子说他经常不守时,不懂得理财或者穿着邋遢,那么丈夫在某种程度上就会相信自己是这样的人,因为他相信妻子是这个世界上最了解

自己的人，她的说法不会有错。

有个小故事，充分证明了这个观点。一次家庭宴会之后，丈夫帮助妻子收拾碗筷时，他的妻子想起了多年前的一件小事，就转身对她的一个朋友说："小心！他常常会端不住碗，把汤洒得到处都是。"事情果然被她言中了，丈夫似乎是按照妻子的"旨意"去做的，当然，妻子并不希望他出错，但是丈夫却感觉到无论怎样这个错误都会成为事实。

有些妻子随时都要给丈夫一些提示，当然，她们的出发点是好的，这也是为了匡正他的行为，不让他出乱子，但结果往往不尽如人意。

向丈夫传达出负面暗示不仅使他受到伤害，而且对于我们来说也不会有任何收效。如果你认真审视一下你们夫妻间的关系，就不难发现这些负面暗示从未起到任何作用。在你明确地指出他的不足之后，他并没有花更多的时间陪孩子，没有比以前更频繁地去看医生，也没有就此改掉了一些不良习惯。通常情况下，当一个人丑陋的一面被揭开时，他是不会试着改善自己的。他最多不过是心不在焉地配合一下，最糟糕的是，他会很反感并按相反的意思行事。当你习惯了使用这种负面暗示的方法和丈夫相处时，最终会导致丈夫产生逆反情绪，使事情越来越糟。

相反，来自妻子的积极的暗示，却可以帮助老公找到自信，充分挖掘出自己的潜力来。

因为单位不景气，小米的丈夫下岗了。他先是卖了一年报纸，后来发现经销图书很有发展前景，就开了一家书店。事业刚起步，一切都很艰难，但小米却没有忘了给老公打气，当着亲朋好友，她总是自豪地说："以前，我真不知道他会这么能干，其实，他过去只是没有找到发展自己才华的机遇而已。现在可好了，他在这个行业里如鱼得水，我真佩服他掌握的行情那么准，捕捉的信息是那样的多，对读者的需求把握得那么好，进的书总是好销，总是供不应求……"毫无疑问，妻子的夸奖，树立了丈夫的良好形象，从而也激励着丈夫把书店的生意做好。

当老公的事业走向正轨时，小米就成了他的福星和宝贝，不论他去哪里应酬，如果可以，他都带着小米，如果不带她前往，超过10点，就会往家赶。

对丈夫表现出信任是负面暗示的对立面，当丈夫看出你相信他会在事业上取得成功、会照顾好孩子、会明智地进行投资时，他不会忍心让你失望。

当你给予丈夫充分的信任时，即使你的信任看起来有些过火，但只要是信任就会激发丈夫不懈地朝更好的方向努力，同时唤醒他对你本能的温存。这时，你会相信自己当初决定嫁给这个男人是个正确的决定，他也会给予你更多的快乐和宠爱。

如果你的老公真的失败了，他的老板将会毫不迟疑地告诉他。但是在家里，在早餐的时候，在床上，你应该勉励他，人人都可以成功的。向丈夫说"你无论如何也不会成功"的妻子，只会使这句话更快实现。

戒掉唠叨，你可以把话直接说出来。

夫妻在一起的时间长了免不了磕磕碰碰，语言也是一门艺术，是连接两人之间的纽带，纽带的好坏直接决定关系的和谐与否，有技巧的说话方式不仅是家庭幸福的法宝，更是衡量感情的尺码。

唠叨虽是夫妻间的常见病，却非不治之症。有的时候可以根据双方的性格特点选择说话的方式，例如，可以把话直接说出来，而不留任何暗示性的余地。

玛丽家厨房天花板上的灯泡坏了，玛丽望着10英尺高的天花板心里想："换灯泡当然应该是6英尺多高的丈夫应该做的。"于是她就对丈夫说："厨房洗涤池上方的灯泡坏了。"吃饭的时候又将这句话说了一遍。可是一个星期过去了，每天都重复这句话的玛丽按捺不住了，她看丈夫还没有动静，最后终于发火了："你为什么这么长时间了都不换灯泡？"结果丈夫说了一句："你没让我换啊。"

在一般人看来，玛丽的意思已经非常明显了，那就是告诉丈夫，灯泡坏了要他换一个。之所以丈夫置之不理，很大程度上是因为玛丽每天都说一遍，感到十分厌烦，故意等妻子说出下半句，而玛丽偏偏以为丈夫会在自己的催促下完成这个工作，结果没有把下半句道出，这使得双方的沟通产生了障碍。

婚姻学家梅洛迪·洛曼曾经说过:"女人若不提明确要求,男人就可能误解或忽略她的需要,"如果玛丽干脆利落地和丈夫说灯泡坏了去换一个的话,就不会出现这样的情况了。所以很多时候,把自己想要表达的意思直接说出来,不要让对方猜,更不要每天都唠叨一遍,这样沟通的效果要好得多。

露西是一名会计员,有良好的职业习惯,每次开支票用钱都记了账,这为家里的开支做了一个很好的记录,也为家庭理财提供了很好的帮助。但是她的丈夫却很少记账,自己花多少钱,都做了些什么事也记不清楚。每当银行寄来透支单时,露西就唠唠叨叨地责怪丈夫,丈夫也知道自己错了,于是总是保证下次一定记账。但是效果似乎并不明显,到月底,银行结单仍是透支,两人又开始重复老一套。

从这个例子中不难看出露西和自己的丈夫陷入了一种无赢家的争论模式,也许丈夫真的是想改掉自己不记账的习惯,但是露西每次都重复那句话,很可能使丈夫内心产生了一种习惯性的适应感,也就是当露西说出记账的问题时,丈夫听过就算了,没有再引起注意,结果丈夫最后还是没有养成记账的习惯。对于这样的问题,露西可以不用唠叨,可以和丈夫建议采用复写纸支票,因为这样可自动留下副本,丈夫就不用因为自己不记账而感到烦恼了,问题轻易地解决了。

曾经在一本书上看过一句话"唠叨是爱情的坟墓",但是很多人没有意识到这一点,甚至错误地认为自己的唠叨是对他

（她）的爱，殊不知脾气急躁又爱唠叨，没完没了地挑对方的毛病很伤害对方，不断的唠叨把一些本来很小的事情加以无限的放大，只会使得夫妻关系越来越紧张。所以，少一些唠叨，多一些"语出惊人"，效果会更好。

第09章

对方不完美，所以需要你的善解人意

女人不一定细致入微，但一定要善解人意

女人，不一定细致入微，但一定要善解人意。女人并不是用外表的美丽来诠释自己，而是用内在的特质来展现自己。也许，外在的美丽固然令人瞩目，但是真正令人难以忘怀的女人，却是具有似水柔情、细心的温柔女人，细心温柔的女人才是最美丽的。作为一个女人，你可以无尽地潇洒、聪慧、干练、精明，甚至做一个女强人，但是你依然不能缺少女人的温柔与细心。当然，一个不够善解人意的女人是难以与魅力联系起来的，即便她国色天香，也绝不会受到男人们的喜欢。善解人意的女人，就像是冬日里的一枝腊梅，一片雪花，流露出无尽的娇媚；善解人意的女人，就像是一滴雨珠，"随风潜入夜，润物细无声"；善解人意的女人，更像是一只纤纤细手，知冷知热，知轻知重。

青红大学一毕业就嫁给了她现在的老公何冰，他们是大学同学，在大学相恋了三年，毕业之后如约进入了婚姻的殿堂。青红只是个普通的女孩子，长相普通、出身普通，但俊秀的何冰却拜倒在她的石榴裙下。很多人感到不解，好奇地问青红，青红笑得很腼腆："其实，很简单，在任何情况下，我都是把他放在第一或第二的位置，为他打点好一切，让他没有了后顾

之忧。"

婚后的生活真的是这样，青红为了能让老公吃上热腾腾的饭菜，晚上无论多晚，她都会等着他回来一起吃。刚开始的时候，老公说你先吃吧不用等我，可青红还是执意要等他回来吃饭。时间长了，何冰知道她很固执，于是下班后推掉了许多应酬，早点回来陪她一起吃饭。平日里的生活，青红更是安排得有条不紊，家里的事情从来没有让他操心，婚后有了孩子，她每天带孩子，还要照顾他，从来没有抱怨过。何冰的事业开始慢慢步入了正轨，这时候，公司要派遣何冰去美国进修，面对这个大好的机会，青红毫不犹豫地支持他去，并且拍着自己的胸脯说："家里有我呢，不用担心。"在美国进修的何冰时时挂念着家里，等到回国的日子，他下了飞机就赶往了家里，发现家里没有人。打电话问父母，才知道一个多月前，爸爸得了重病，作为儿媳的青红毅然接下了照顾爸爸的重担，每天医院、家里来回跑，整整一个月都没有好好休息，现在爸爸的病好了，可青红却累坏了，正在医院打点滴。

何冰看着瘦了一圈的青红，心里满是愧疚："爸爸生病了，怎么也不告诉我一声，我可以提前申请回来。"青红笑着说："怕耽误你的工作，再说也不是什么大事，你看爸爸现在不是好了吗。"何冰抱着躺在病床上的青红，心里充满了感激，还有满满的爱。

男性虽然表面上看起来比较刚强，但内心却渴望善解人意的女人，这样的女人会为他打点一切，生活变得井井有条，全然没有了后顾之忧。他则会一心扑在事业上，家里有女人照顾，而他就会安心地工作，用心来照顾整个家。实际上，要留住一个男人，不如拴住他的心，最有效的办法就是多为他考虑，让他明白你的体贴与关怀，让他明白你已经是他生活的一部分。

1.多为对方考虑

女人的本性是温柔，这是女人所特有的标志，所以男人常常会被温柔的女人所俘获。而善解人意的女人则是恰恰懂得以情动人的，她会把自己的柔情融入每一个关怀中，隐藏在每一个眼神里，而男人就醉倒在这样的柔情中。她们懂得凡事应该多为对方考虑，这是获取爱最好的方式，也是最有效的方式。

2.做男人心灵的伴侣

善解人意的女人，懂得做男人的左右手，她们并不甘愿做一个外表华丽而内心空空的花瓶，而是致力于帮助男人成就其事业。当男人取得了成功，在事业上做出了一番成就，女人的价值也就显现出来了。

善解人意的女人会将家里的生活打理得有条不紊，她会发现你毛衣上的小球，会发现你袜子上的小洞，她会亲手把它们处理得连你都找不到痕迹；当你无意之间说一句"我嘴里有个泡，很痛"，等你回到家，她已经为你买好了创可贴；她会小心地给你清除手指上的倒刺，还会给你买很多善存片；她会将你明天需要穿的衬衣和领带，熨好帮你挂在衣帽间。不仅仅如此，她还会与你分享工作中的成功与喜悦，为你分担工作中的担心与忧虑。

男女有差异，女人要理解男人的思维方式

有多少女人真正地了解男人呢？当女人总是为小事吵架的时候，何曾想过这是因为男女思维不一样呢？男人思维是比较理性的，他做什么事情没有女人考虑得那么多，他总是粗枝大叶，不够细腻，不够敏感。反之，女人是完全相反的一种动物，她心思细腻、敏感，心眼比较小，容易流泪，容易伤心，情绪化。而他们在思维上的差异就是，男人通常认为没什么大不了的事情，女人都会紧抓着不放，非要闹出个明白才罢休。于是，生活中，多少男男女女整天就为一些很小的事情吵架，到最后他们都不知道自己为什么就吵了起来。其实，在这个过程中，有很多时候，都是在于女人太过于矫情，尤其是在小事情上，太过于无理取闹，结果点燃了两人之间的战火。

小娜很痴迷韩剧，她逢人就说自己最理想的老公就是《爱上女主播》里的张东健塑造的人物，成熟、稳重、儒雅，好像永远会在女人身边陪着她，包容她一切小孩子的脾气。但是，生活毕竟是生活，在现实生活中，她既没有邂逅到这样的男

士,甚至连该剧里男配角那样的男人也没遇到过,她只是遇到了一个平凡的男人——张凌。

张凌是一个踏实能干的男人,他不会说什么甜言蜜语,也从来不会搞什么浪漫,他只是会每天嘱咐小娜:"钱带够了吗?雨伞带了没?多拿件外套,外面风有点大……"这时小娜总会不客气地说:"知道了,知道了,你怎么比女人还啰嗦啊。"说完,就头也不回地走了。

这天她有些小脾气,故意将老公叮嘱的"带雨伞"忘记,她提着小包就出门了,心里偷笑着,这好像是对那位唠叨男人的报复一般。没想到,天气真的就好像张凌所说的那样,竟然下起雨来。看着公司里的同事一个个被她们的老公接走了,小娜心里不是个滋味,虽然公司对面就有直达家里的公交车,但她还是打电话给老公说:"今天没带雨伞,你快来接我。"老公张凌说:"早上不是让你带雨伞了吗?我这会儿还在上班呢,你先借个伞去对面坐车,我在车站接你。"小娜在电话里吼起来:"你怎么这样?这样大的雨,我去哪里借伞,你来不来?不来我就不回家了。"电话那边,张凌叹了一口气,小娜看着外面的大雨,心想,电视剧里不都这样演吗?这时候男主角就应该风雨无阻地站在我面前,然后拥着我一起回家。

小娜站在公司等着,不断接到张凌的信息:"没打到出租车,我走路过来。"等了大概一个小时,浑身被淋湿的张凌出现在小娜面前,小娜脸色有点难看,嘟囔着:"一个大男人,出租车都打不到，真是倒霉，遇到了你。"她接过张凌递过来的雨伞，一个人走了，只剩下张凌一个人在雨中淋着。

回家后，一向不说话的张凌生气了："你是我见过的女人中最矫情的了，下雨了有什么大事吗？让你带雨伞也不带，硬是让我去接，你可以直接到公司对面坐公交车回家，你又不是断手断脚，你怎么总是这样？在小事情上要求这要求那，我没有心思来猜你的那些小心思。"

如同男人外表那般的强健，他们对于生活中许多事情的承受能力是较强的，天大的事情发生了，他们也会咬着牙说："没什么。"他们只是希望能将大事化小，小事化了，但女人不一样，女人天生心眼比较小，容不得半点沙子，即便是针眼一样的小事情，她也会揪着不放，表现得十分矫情。

1.不要太注重细节的完美

女人总是推崇细节的绝对完美，当她拿着老公挑好的钻戒，她不是抱怨做工不精致，就是抱怨钻石太小了，殊不知，自己获得了这份礼物就应该感到知足了。男人的心思不够细腻，他猜不透女人的心理，如果女人太注重细节的完美，而抱怨男人这样那样，那肯定会影响到两人的关系。

2.不要计较小事情

女人大多比较矫情，她们总是固执地认为这件事就应该这样，如果有一点点不如意，她们就会生气，会借故发脾气。生活中，许多小事情是可以忽略不计的，为什么一定要跟自己

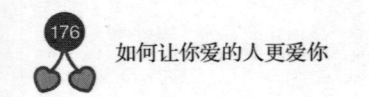

过不去呢？能忘记的事情就让它过去好了，不要在小事情上计较，给予男人宽松的心灵环境。

女人天生喜欢幻想，她们总爱做公主般的美梦，她们希望自己的生活也像童话里一样，每个细节都是完美无缺的，否则，她们就会莫名地生气。其实，这就是女人的矫情，她的那些所谓的爱情的诠释，全是自己幻想出来的美好。但毕竟生活不是童话，生活中的许多事情都不会那么美好，如果太过于矫情，那只会让男女之间的感情变得糟糕。

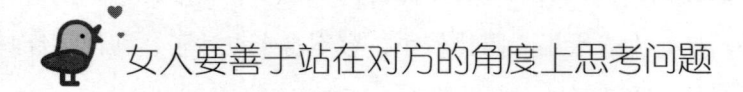

女人要善于站在对方的角度上思考问题

移情，就是设身处地地为他人着想，而那些移情能力较强的人可以准确地感觉、体会他人的情绪、情感和思想，从而在了解别人和自己的基础上，进一步加深人际关系。古语曰："爱人者，兼其屋上之乌。"意思是说，因为爱一个人而连带爱他屋上的乌鸦。后来，我们也常用"爱屋及乌"形容人们爱某人之深情及和这人相关的人和事，因此，心理学中把这种对特定对象的情感迁移到与该对象相关的人或事物上来的现象称为"移情效应"。

移情效应是把自己的情感移到外物身上去，好像觉得外物也有同样的情感。简单地说，当我们喜欢某个人或物时，也觉得仿佛周围的人也会同样去喜欢。在平时生活中，当自己高兴的时候，好似大地山河都在欢笑；当自己在悲伤的时候，好似风云花鸟都在叹气。陶渊明为什么那么喜欢菊花呢？那是因为他在傲霜残枝中见出孤臣的劲节；林和靖为什么那么喜欢梅花呢？那是因为他在暗香疏影中见出隐者的高标。

欧洲空中汽车公司的推销员拉缇埃想在印度市场上占有一席之地，不过当他打电话给拥有决策权的拉尔将军时，对方的反应却非常平淡，根本不愿意见面。最后，在拉缇埃的强烈要求下，拉尔将军才勉强答应了给十分钟的会面时间。

在会面时，拉缇埃刚开始便告诉拉尔将军："我出生在印度。"这一句话顿时拉近了拉尔将军和拉缇埃之间的距离，稍后拉缇埃又提起了自己小时候印度人们对自己的照顾，和自己对印度的热爱，瞬间让拉尔将军对他升起好感。之后，拉缇埃又使出了自己的绝密武器，他从包里拿出一张颜色已经泛黄的合影照片，双手捧着，毕恭毕敬地拿给将军看。拉尔将军拿过照片一看，惊讶地发现，照片上的人竟然是圣雄甘地。

拉缇埃笑着说："照片上这个小男孩就是我，那是我小时候和家人一起回国时，在一艘船上正好遇到了甘地，和甘地一起合的影，这次我要去拜谒圣雄甘地的陵墓，所以才把它拿出来。"甘地是印度的圣雄，深受印度人民的尊敬和爱戴，于是，拉尔将军对印度和甘地的深厚感情，便自然地转到了拉缇

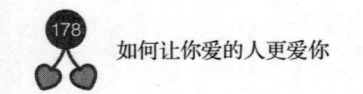

埃身上，这样一来，生意最后自然也成交了。

由此可见，移情效应是一种心理定势，每个人都有所谓的"七情六欲"，因此人和人之间最容易产生情感方面的好恶，所以这样产生了移情效应。洞悉人性，就应该像案例中的拉缇埃一样。

移情效应经常表现为"人情效应"，体现在日常生活中，也比比皆是。我们经常会听到这样的话："朋友的朋友也是我的朋友。"实际上这就是对朋友的情感迁移到了相关的人身上；或者说"两肋插刀"，实际上这是把对朋友的情感迁移到了相关的事情上面；女人总习惯珍藏初恋男友送给自己的礼物，这是把对初恋男朋友的情感迁移到了这些礼物上面。

心理学研究表明，不但爱的情感会产生"移情效应"，恨的情感、厌恶的情感、嫉妒的情感等也会产生移情效应。

王朔在《玩的就是心跳》中塑造了一位几乎隐形的女性，这个女人既能度人又能自度，名字叫作刘炎，她的同居者李奎东这样描述过她：

她是那种饱经风霜的人，对一切变故都采取泰然自若的态度。一切都不需要明说，一个眼色一个面部的微小变化都会使她立刻明白自己的处境和对方的意图。她从不执拗他人，也不使人为难，很温顺很平和，和她相处我很松弛。请别因此得出错误的印象认为她是凄恻少言的活动木偶。她很爱说爱笑也很风趣，在人多的场合从不怯场总能落落大方应付自如。

在婚恋关系中，移情效应更能发挥出与众不同的作用。所谓"爱人者，兼其屋上之乌"，这样的情感将促使我们学会站在对方的角度上去思考问题，理解他、体贴他，让他时时刻刻感到你浓浓的爱意。

善解人意的女人是男人最渴望接近的女人，同时是男人燃烧、唤起男人激情的女人。好男人不会因为女人的善解人意的谦让而得寸进尺，反而会心存感激。在这个充满浮躁气息的社会里，只有懂得为对方着想的女人才是家庭的真正港湾，男人休憩心灵的圣地。女人的柔情使男人增加自信，消除内心的疲劳。虽然男人是刚强的，同时又是脆弱的，甚至有的男人将自己的荣誉和面子看得比生命还要重要。而那些善解人意的女人知道男人的精神世界有哪些是禁区，如何保护男人的尊严不受伤害，她在享受被爱的时候，更学会如何去爱人。

婚恋中的移情效应要求女人善于站在对方的角度上思考问题，处处做到善解人意。当然，善解人意并不是一味地迎合和纵容对方，而是指在遇到事情的时候，可以尽可能地用自己的心去体会对方的心，用自己的感受去体会对方的感受。女人无法要求别人善解人意，不过自己做到善解人意，最大的受惠者往往不是对方，而是自己。

人无完人，婉转指出男人的缺点

人无完人，婚恋中的男人也有这样或那样的缺点。对于男人的缺点，如果女人直截了当地指出，说话语气盛气凌人，男人一时难以接受，也许会伤害男人的自尊心。要维护男人的自尊，女人说话要婉转，男人才会听进心里，明白自己的缺点，进而去改正。女人婉转的话语，听起来柔和动听，不带讥讽之意，男人听了就会有所反思，在明白了自己的缺点之后去改正。如果女人言语凌厉，声声刺耳，男人的心里就会产生逆反作用，愤怒着急的他不会稳定自己的情绪反思自己的缺点，更不会进行改正。婚恋中的女人，说话要婉转，不要太直接，否则，只能让男人反感，使男人的缺点越积越多。

女人说话婉转，男人就会感觉到女人心里的关爱，会从心底感谢女人。女人说话恶声恶气，言语凌厉，男人心里产生反感。如果女人不停地唠叨抱怨，男人心里的抵触情绪就会越来越强，轻者导致二人关系紧张，严重的还会为婚恋埋下祸根，使婚恋以悲剧告终。所以，婚恋中的女人，要注重和谐，说话要婉转，不要因为男人存在缺点而指桑骂槐，激起男人的愤怒。在发现了男人的缺点之后，女人不要自怨自艾，埋怨命运的不公，要婉转地告诉男人，让男人明白自己不如他人之处，然后进行改变。这样，男人就会检点自己的不足，努力去达到女人的心愿。婚恋中，女人多一些温柔，说话婉转一些，就能塑造出自己心目中理想的男人形象。

　　肖欢与李想结婚后没多久，肖欢就发现李想经常夜不归宿，回到家也是呵欠连天。为了搞清楚李想究竟晚上去了哪里，肖欢做了几次跟踪，最终发现李想进了一家网吧。原来，李想与一个网友聊得火热，似乎一日不聊就如隔三秋。但他在家里上网又惟恐肖欢知道，就到网吧上网，和网友视频聊天，经常聊到天亮。肖欢明白，李想染上了网瘾。要想让李想戒掉网瘾，把心思用到家庭和工作上，就要让李想明白自己的缺点。

　　当李想再一次从网吧回来时，李想看到肖欢正坐在电脑桌前，用心敲击着键盘。原本睡意蒙眬的李想这时好像突然醒悟过来。肖欢看了看他，婉转地对李想说，如果工作太累，就好好休息一下。肖欢的话提醒了李想，李想这时才明白，原来自己沉迷于网聊，忽视了肖欢对自己的感情，家庭和事业都出现了危机。

　　李想感激肖欢对自己的温柔体贴，他不再去网吧和网友聊天、视频，和网友渐渐断了关系，心思也用在了工作和家庭中。看到李想重新回到自己身边，工作也有了较大的起色，肖欢感到心里甜蜜蜜的。

　　女人婉转的话语，不会伤害男人的自尊，让男人在明白了自己的缺点之后，能够及时反省，改正自己的不足之处。女人发现了男人的缺点，如果直接指出，男人心里就会产生抵触情绪，如果此时女人再加以喋喋不休的抱怨，把男人说得一无是处，男人对女人的情感就会更加淡漠，最终二人的婚恋走向解体。事例中的肖欢，发现李想因为网聊耽误了工作，影响了自己的感情，言语婉转地让李想明白了自己的缺点，从而进行了改正。

1.婉转比严厉更有效

对于存在缺点的男人，严厉的说教只会伤害他的内心，引起逆反心理；婉转的言辞，会让男人感动万分。为了恢复自己在女人心目中的完美形象，男人也会及时地改正自己的缺点，使婚恋生活更加美好。懂得维护男人自尊，对男人温柔体贴的女人，才会塑造出完美的有尊严的男人。

2.展现自己完美的形象

婚恋中的女人，希望自己喜欢的男人完美，岂不知，男人也是如此。当女人对男人指手画脚，恶声恶气的时候，女人在男人眼里同样会变得不完美。对于女人的这种改变，如果男人说话时也是语气严肃，女人也是难以接受的。所以，婚恋中的女人，在发现了男人的缺点之后，试着用婉转的语气指出男人存在的缺点，男人感知到了自己的缺点，为了维护自己在女人心目中的完美形象，就会想法去改正，力求达到女人心目中的美好。

婉转地指出男人的缺点，在男人面前表现出女人的大度，体现女人的爱心，是改变男人，收回男人感情的制胜法宝。因此，为了塑造心目中的理想男人，女人说话要婉转，顾及男人的尊严，让男人明白自己的缺点，及时进行改正。

男人脆弱时，给他一点安慰和鼓励

有时候，即便是很有主见的男人也会脆弱，会陷入迷茫之中，他们站在矛盾的边缘，不知道该往哪里走。然而，男人强烈的自尊心总是要面子的，他不会轻易向一个女人求助，只是在那几天，他表现得很抑郁，不说话。其实，作为贴心的女人，应该随时注意身边的男人在想什么，他在烦恼什么，如果发现他正陷于茫然之际，不妨给他一句指明方向的话，让他走出迷茫，走上人生的康庄大道。生活并不会一帆风顺，总是会遇到这样的困难或那样的挫折，即便是对于一个男人而言，有些事情也是难以做决定的，他们总是犹豫不决。在这个人生的关键时刻，若是不及时做出决定，那就会导致他的人生迷失了方向。

小华是一名普通的司机，在一家小公司上班，虽然拿着并不高的薪水，但他认真、踏实，深得老板赏识。小玲在一家广告公司做文员，每天朝九晚五，两个人日子过得很惬意。一次，小华公司的老板找到他谈话，有意让他做部门经理，小华刚开始没有当回事，心想怎么会看上我呢，还以为是老板在开玩笑。可是，后来老板找自己谈话的次数越来越多，这让小华感受到了老板的诚意。

这天回家，小华笑着对小玲说："老板让我做部门经理呢，你觉得怎么样？我觉得做普通司机会简单些，不会那么累。"小玲一边收拾屋子，一边说："我觉得这是好事情呢，你不可能做司机做一辈子吧，总要有个比较好一点的工作，再说，要学会用脑子挣钱而不是用技能挣钱，我觉得你可以把握好这个机会。"小华有点迟疑："可是，做经理心太累了，每天所焦虑的事情也很多，到时候也没有多少时间陪你了。"小玲安慰道："虽然管理人是比较辛苦，心会很累，但会锻炼你的能力，磨炼你的脾气，这从长远来说，真的是一个好机会，你就不用担心我了，我会打理好家里的一切，你只要安心工作就好了。""可是……"小华还在犹豫，小玲笑着打断他的话："可是什么？至少也是一个小经理啊，比你现在做司机强多了，至少表明你已经在进步了，这就是努力的结果，所以，赶紧答应吧。"听了小玲的话，小华也下定决心了。

面对老板的赏识，要晋升自己为部门经理，内心拿不定主意的小华向小玲抛出了自己该怎么办的问题。聪慧的小玲从长远的打算来分析，给出了中肯的答案，她并没有摆出一副弱女子的姿态说"我也不知道怎么办"、或者直接说"你自己看着办吧"，她明白，小华是因为看重她才问她，所以，在小华迷茫之际，她适时说出了指明方向的话，以此让小华重新找到了自己的人生方向。

女人，不仅仅是依偎在男人身边的小鸟，还应该是站在男人身边的一棵树。只有刚柔并济的女人，才会绽放出永久的魅力，她时而温柔，时而妩媚，时而聪慧，时而坚强。这样的女人是恰恰好的，她会在你需要的时候出现，给予你帮助；会在你迷茫的时候，为你点亮希望的灯塔；在你无助的时候，为你指明一条道路。所以，这样的女人想不受异性的青睐都很困难。

1.不要总是对他说"不知道"

当男人表示自己很无助的时候，不要总是对他说"不知道"，这比一个陌生人的话更伤人。夫妻本是同林鸟，有什么事情自然是一起商量，一句"不知道"，就好像是割裂了夫妻关系，这让男人心里如何想呢？他自然会觉得这是你的冷漠，因此，女人要善于向男人表达自己的细致关怀，适时出出主意。

2.不要总是说"随便你怎么样"

人们最不能忍受听到的一句话就是"随便你怎么样"，这句话里含着漠不关心的冷漠，如果对于茫然无措的男人，你只能给这句话，那还不如不说更好一些。男人所需要的是体贴的关怀，而不是冷漠。聪明的女人，不仅仅是男人生活中的伴侣，同时也是他人生方向的领路人，为其出谋划策，送上最细致的关怀，自然会让男人对你疼爱有加。

第10章

婚姻当中,做好自己也很重要

坚持成为最好的自己，爱情终会找到你

在老一辈的婚姻观点里，婚姻似乎是与爱情无关的。他们与携手一生的人相濡以沫地度过一辈子，有吵闹有纷争，唯独没有惊天动地的爱情。实际上，他们有爱情吗？当你看到他们在夕阳下手牵着手散步，当你看到他们对于爱的渴望和理解，你一定知道，他们是有爱情的，只不过他们的爱情不像是年轻人这么张扬，而是融入生活之中，渗透在一餐一饭里。还有很多中老年人，当初完全是先结婚后恋爱，结婚就是一辈子，即使不那么合适，也会在漫长的岁月中慢慢磨砺。

和以往稳固的婚姻相比，现代社会人们的婚姻变成了快餐式的。经过婚姻部门统计，离婚率年年攀升，越来越多的年轻人选择离婚，有的甚至只因为婚姻中一个小小的不满意。这种对婚姻观念的解放，的确结束了很多痛苦的婚姻，但是也导致社会的不稳定。其实，不管是从一而终，还是不合适就离婚，都必须把握好最恰当的度。没有爱情的婚姻是不道德的，但是爱情不会跟随我们一生。真正幸福的婚姻，是把爱情转换为稳定长久的亲情，从而帮助人们更有耐心地对待充满坎坷和挫折的生活。

在爱情中，错了并不是无法挽回的。很多人一旦爱情受到

挫折，就万念俱灰，甚至选择轻生。殊不知，爱情是强求不来的。你必须更坦然地面对爱情，接受爱情的磨难，才能更顺从地对待未来的生活。在爱情里，一切的错过都是为了更怦然心动的相逢；一切的挫折都是为了帮助你遇到更对的人。人们常常习惯用缘分来解释爱情，当爱情遭遇挫折时，大概就是缘分还没有到吧。耐心地等待，利用单身的时间努力地把自己变得更好，这样，你才能以最美的姿态遇到命中注定的那个人。

大学毕业后，琳琳回到家乡的小县城当了一名小学老师。几年之后，在亲戚的介绍下，她与一个在上海工作的年轻人认识了。当时，琳琳的职业生涯并不顺利，学校里老师之间互相攀比关系，根本没有人凭着真才实学去工作。为此，琳琳非常苦闷。她很想离开家，父母却始终不同意她一个人独自闯荡。其实琳琳与这个年轻人并没有一见钟情，只是觉得一心一意想要离开家，去到更广阔的天地。就这样，琳琳与年轻人见了只一面，就与其确定了恋爱关系，而且还商定了订婚、结婚的日子。曾经，在大学时代对爱情有着无数憧憬的琳琳，从未想到自己的婚姻大事会如此仓促草率。在当时，她也根本浑然不觉。

很快，她与那个年轻人举行了婚礼，并且理所当然地辞掉工作，与年轻人一起去了上海。到了上海之后，经过短暂的生活，琳琳就遗憾地发现这个年轻人并不适合她，甚至她们的生活观点、教育背景都有着天壤之别。但是他们已经结婚了，为此，琳琳决定凑合着过下去，努力地彼此磨合吧。不想，在一个偶然的机会，琳琳居然发现从事建筑工作的老公在请客吃饭时，居然带着客户去色情服务场所。这样一来，琳琳彻底死心了。她提出了离婚。没有感情的婚姻，离婚也不需要太多的纠缠，很快丈夫就配合琳琳办理了离婚手续。琳琳的心里空空落落的，她不知道应该如何面对未来的生活。痛定思痛，她决定独自一人留在上海，一定要活出个样子来。

整整三年的时间，琳琳都像一个拼命三郎，一直在不停地工作、工作、工作。三年之后，她凭借工作上的优秀表现，成功晋升为公司的中层领导。直到此时，琳琳才意识到自己已经三十二岁了。此时此刻的琳琳，已经成了上海真正的白领。她每天衣着光鲜，出入于高档写字楼。自然，也有很多男士以仰慕的目光看着她。直到接受同公司一位高级经理人的追求，琳琳的心才真正安定下来。这时，她很庆幸自己当年没有因为离婚黯然回乡，原来那个曾经生命中的过客带她来到上海，只是为了让她在挫折之后成就自己，也遇到更对更好的人。

爱情和人生一样，也会遭遇各种各样的挫折。对待爱情，我们既要充满美好的幻想，也要采取坚定不移的态度，即使遭遇坎坷，也依然充满希望和勇气。只要我们坚持成为最好的自己，就要相信终有一天爱情会给予我们更多的回馈，甚至给予我们出乎预料的惊喜。当你错了，在爱情中，不要悲伤也不要哭泣，擦干眼泪，把自己变得更美好，你就会遇到更对更好的人。否则，一旦你放弃，一切就都会失去可能。

无论何时，女人都不要放弃保养自己

中国有句古话叫作"士为知己者死，女为悦己者容"，意思是说：男人愿意为了知己和了解自己的人去死，女人愿意为了欣赏自己的人去打扮。可见，女人对自己的容貌有多么重视，现代女性为了更多地得到别人的肯定、认可而乐此不疲地学习化妆、做美容、美体，只要能够让自己变美，即使开刀、整容都勇敢地去尝试，女人的这种勇气不能不让人佩服。

从医学上讲，美容其实属于健康保养项目，它在古代已有雏形。古代女人喜欢在洗澡的时候加入一些花瓣，以此来滋润自己的皮肤，这就是著名的"花瓣浴"，即使现代社会也还是有很多人保持着这样爱好。古时的人没有众多的化妆品可用，便把花瓣碾碎来涂抹指甲，用炭来画眉，用胭脂水粉来美化自己，而现代人也不过是把这种种进行升级，变化的样式更多，形式更花哨而已。

心理学家曾经调查发现，化妆能够让人心情变好。当一个人不开心时，画一个简单的妆，当女人从前面的镜子里看到一个愁眉苦脸的人一下子变得美不胜收时，眼睛不禁一亮，心情会跟着好起来。这可能也是男人爱美女、女人爱帅哥的原因

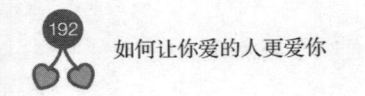

吧，毕竟爱美之心人皆有之。

每个人对美容的理解都各不相同，但是总的概念上来说又是一样的。心理工作者认为，很多人有着一种叫作"体相障碍"的心理问题，简单来说，体相障碍是自己对自己躯体的外在形状不接受而造成的心理上的问题，大多是对自己的身材肥胖、消瘦和高、低的不满意，然后就是对乳房、喉结、胡须、生殖器等部位的体相障碍，男女各半。这样的人一般是因为不能接受现在的自己，或是沉浸在过去的美好回忆中；也有的是喜欢幻想未来，唯独对现在的自己不能接受，当然也有部分是对自身躯体方面的不接受。而美容，就是在自己的努力或者别人的帮助下，接受和认同自己的过程。美容，不仅可以让自己看上去更漂亮，气色更好，也能够影响到人的心理，使人感到快乐、被赞美、被喜欢。

当然，在现在的社会中美容是一件非常普遍的事，而并非有"体相障碍"问题的人才会去美容。所谓"爱美之心人皆有之"，女人更是如此，美丽的女人吸引人眼球，让同性嫉妒，异性赞叹，所以让自己变得更美就成为了女人的所求。

女性美容的主要原因是希望自己变漂亮，但是究其更深层次的原因大多却是心理自卑。俗话说"自信的女人最美丽"，很多女人对自己的身材、容貌或者家庭背景、学历学识感到自卑，从而期望能够通过美容来提升自己的受欢迎程度和自信程度，希望通过完善自己躯体层面来取得优势。这些人中有些是受到心理打击后反弹,婚姻不美满的女性也比较多见;也有为了取悦某一个人,特别是女孩为了男朋友减肥的也较多;容易受社会风潮影响的人、追求完美、有强迫症个性的人、有精神分裂倾向的人也不乏人在。当然这无可厚非,美容的确有这种化腐朽为神奇的强大功能。只是凡事都要有个度,过了就适得其反了。

有位心理学家说:人生是个心理过程,而非逻辑过程。同样在某种意义上,美容是个心理过程,而不是技术过程。目前美容虽然是生活中的一个热门话题,但人们总是从化妆护理、开双眼皮或抽脂肪等外在因素去认识它。许多专家也往往只重视这些技术方面的研究。不少资料证明,国外较有成就的专家也只停留在这一层面。其实,这是对现代美容较肤浅的认识,或者只是了解了美容的某个侧面。

现代美容不仅包含了化妆、护理、减肥等改变人外在形体的技术和理论的形象美容,更重要的是,它还有着心理学的内容,即从心理的角度去开掘人心灵深处的隐私、疏导郁结的心境、激发对生活的信心,从而营造达观、欢愉、向上心情的心理美容。

有这样一位女知识分子,容貌端庄、气质高雅,有着受人尊敬的职位,但让人难以接近,人到中年,竞争的压力,工作的压力,使她无法轻松面对,回到家后,难免对丈夫和孩子发发火、使使性子,结果弄得家庭的气氛每天都很紧张。她到美容院是为了找个舒缓精神压力的地方，并非为了找回年轻的自己。然而美容师在为顾客进行皮肤保养时，会尽量设计出一种和谐、融洽的氛围，让顾客在护理的同时也能够放松身心，既得到很好的皮肤治疗，又宣泄了心理的压抑。半年后，情况发生了明显的变化，皮肤状况有了改善，肌肤纹理细腻了，弹性恢复了，她对美容师的服务感到满意。这位女知识分子领悟了人生的真谛，性格变得开朗。

女人在进行皮肤保养、美化外表的同时，应当把注意力更多地放在美容自己的心灵上面。一个人的快乐与幸福，一个家庭的和睦与美满，不是光靠漂亮脸蛋就可以的，女人只有在自己心情愉悦、心理满足的情况下才能更好地去体味美容的乐趣、生活的乐趣以及工作的乐趣。

很多结了婚的女性朋友不把美容当回事，认为自己结婚了还保养这些干吗？给这类女性朋友一些忠告：要想自己丈夫不在外面采野花，就一定要好好保养自己。而且女人比男人衰老得快。当自己真的成为黄脸婆时再去补救就太迟了！作为一个女人，要有一套自我保养与化妆的小窍门，这样才能与时俱进。

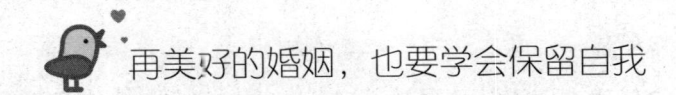

再美好的婚姻，也要学会保留自我

美好的婚姻如一碗汤水，需要诚实的滋养，聪明的女人会知道诚实与透明是不同的。透明是毫无隐私，而诚实是尊重对方，同时有所保留。即使再亲密，作为女人也不需要把心中任何感受和所有想法都逐一向对方倾诉。把所有想法都告诉丈夫事实上是一种不负责任的做法，确实，你减轻了自己的压力，而把压力转嫁给了丈夫。

面对生活中的点点滴滴，你无须把自己过去的遭遇和不快告诉丈夫或带到你们每天的新生活中，无论当时丈夫能否接受，都会留有有形或无形的伤害，要知道，爱情的世界是容不下一粒沙子的。

也许很多人不熟悉迈克·尼克尔斯这个名字，但谈起他导演的作品：《毕业生》，你一定耳熟能详。黛安·索耶是他的妻子，业绩也毫不逊色，她是美国ABC电视台的台柱，美国当今最红也是最有魅力的女节目主持人。

两人走入婚姻殿堂时，迈克已有56岁，黛安也有42岁了。此前迈克有过3次失败的婚姻，但对黛安来说，这是她第一次的婚姻。黛安说："我们彼此相互了解，有共同的爱好，更重要的是我们依然彼此独立，保留自我，对于对方的事业只提意见，不予干涉。""因为工作的关系，我的生活常常与飞机为伴，飞来飞去的生活我已习惯。我不会因为结婚而暂缓我工作的节奏。不过我也要关注他的感受。刚结婚不久我问迈克，'你是不是很讨厌我常常外出采访工作？还是你根本就很喜欢一个人待在家中？'他回答说，'两者都有。'"黛安在一次有关婚姻家庭的杂志对她的采访中谈到,"他尊重我的工作,我也对他长期在外工作表示理解。这是我们婚姻牢固的基础之一。""我们也对对方的工作表现提出自己的意见,指出对方的不足。但是只是个人意见而已,我们并不会因此而争吵。除此之外,对于一个稳固的婚姻来说,坚守与责任也非常重要。"

婚姻中,你和丈夫应该同心同德,拥有共同的兴趣,追求共同的利益。但是,这种亲密无间的夫妻关系并不等于没有自我,你们仍然是两个独立成熟的个体,可以为自己负责,也可以为对方负责。学会保留自我,才能使两个人生活得更加独立、更加快乐。

女人有自我和自信,才能真正享受美好的爱情婚姻生活。婚姻中,你和丈夫应该是两个交叉的圆,交叉的部分是彼此分享;未交叉的部分,就留给彼此独自成长,回味吧。

赵静22岁大学毕业时就结婚了,因为太爱丈夫,所以结婚时丈夫一贫如洗,两个人还要和婆婆住在一起,她也丝毫没有介意。结婚后,赵静一方面要照顾家庭,另一方面还要开拓自己的事业,婚后慢慢地她的心理失去了平衡,渐渐觉得压力很大,她觉得丈夫是现在自己最亲的人,于是她习惯了事无巨细都跟丈夫倾诉。

在婚姻中,她自认为做了很大的付出。她也记不清是从什么时候开始,尤其是看到原来比自己学习差、能力低的同学,纷纷出国留学或者获得很好的工作机会，甚至嫁了更出色的丈夫。相反自己现在的生活则苦不堪言，工作压力大，家庭事务繁重，而每天听她倾诉的丈夫也不耐烦极了。这种生活折磨得她非常痛苦，对丈夫和家人也开始越来越多的埋怨和愤怒，导致家里面几乎每天都有口角和冲突发生。

有的女人常因为太爱对方，而在婚姻中表现得更像一个仆人，而不是伙伴，试图依靠毫无保留来赢得丈夫的感动。如果你甘愿如此，在婚姻中放弃自我，牺牲自我，毫无保留地来换取对方的爱，并希望完全走入对方的世界；那么一旦关系出现波动，你就会感到绝望，认为自己一无是处，婚姻了无生机，其实，这是不积极的婚姻模式。

我们都希望婚姻是为了自己的幸福，而不是自我惩罚。为了婚姻的幸福，适当的、互相的改变是必要的，但是，如果毫无保留地付出成了你的义务，当你成为了婚姻的附属品，那么爱情就变味了，婚姻也就变味了。

婚姻如围城：城外的想进去，城里的想出来。真正聪明的女人，会在城中找块空地，在房子周围开垦出一小片绿地。必要的时候，不用出城也能享受到温暖的阳光，呼吸到自由的空气。同时，站在绿荫中更深刻地感受丈夫的爱，家庭的温暖，婚姻的幸福！

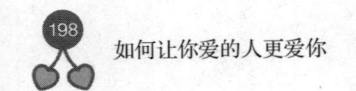

少点依赖，女人在婚姻里要脱离心理上的安乐窝

"敏敏，我都快郁闷死了，刚才我妈又来电话催了，今年再嫁不出去我就去出家当尼姑了……"王敏和闺房密友佳的谈话，大多数的话题都是讨论佳现在的男朋友怎么样，或是如何帮她找男朋友确定终身大事。王敏看着品着茶一脸无奈落寞的佳，一时间也不知道该说什么好。三十出头的佳是那么的优秀亮丽，怎么就那么难找对象呢？

"上次给你介绍那个博士，不是挺不错的吗？能不能别那么挑啊？"

"哪里是我挑啊？将就吧，关键是我看人家根本没有处对象的意思啊。"

"怎么会呢？我打电话问问。"王敏的一通电话下来，她只有"嗯""啊"的份，因为博士太能总结和归纳了，没有给她插话的机会。博士只是举了几个很平常普通的相处细节，就用一句话总结了他们不合适的症结所在——佳太依赖人了！

依赖是相对于自立而言的，依赖思想太强则意味着自我的弱化，独立的丧失。可以说依赖对于女人来说是一个陷阱，一旦掉入这个陷阱，便难以自拔。诚然，恋爱、婚姻是一个相互依赖的过程。

每个恋爱、婚姻中的女人都会面临着这样两难的困境：只有相互依偎在一起，才能感觉到爱情的甜蜜；但是如果靠得太近，又担心有一天会被伤得很深。而一旦依赖太深，我们的生活便会变得不再像从前般单纯、快乐，你会时刻感觉到你的生活中不能没有他：马桶坏了不去打物业的维修电话，而是请求他的帮助；灯泡闪坏了不去自己搭凳子来换，而是寻求他的援手；一个人不敢在雷电交加的夜里睡觉，而是渴望他的保护；一个人不愿在厨房忙活烧菜，而是希望他的陪伴；一个人不想独自无聊地去看电视，而是期待他的情话……

圆圆的丈夫学历较高，工作很好，有较高的薪酬，而她自己的工作是护士，他们结婚五年，圆圆给丈夫生了两个孩子。在做母亲后，圆圆便把工作辞掉了，她的角色是家庭主妇及母亲，她需要操持家务，照顾孩子与丈夫。随着时间的流逝，圆圆越来越依赖她的丈夫。

这时，丈夫的工作显得非常重要，因为家庭的维持全靠他，他的成功既是圆圆的成功，也是家庭的成功。他是这个家的中心，圆圆看着他，孩子也看着他。圆圆所做的一切都是为了他，为了他们的孩子，一旦丈夫工作上出了问题，圆圆也就有了问题。

渐渐地，圆圆接受了这种关系，因为这是她所熟知的生活方式：她的婚姻就是以她父母，以及她成长时所看到别人的婚姻为蓝本的。慢慢地，她对丈夫的依赖取代了她以往对父母的依赖。同样，她丈夫也希望圆圆温柔、体贴。因此，两人都得到了他们所寻求的东西。又过了大约七八年，他们的婚姻危机爆发了。圆圆开始感到束缚，不被重视，因为她未能做出更多的事，没有成就感。而丈夫却越来越光鲜照人，事业有成。

善良的丈夫便鼓励圆圆去做她想要做的，更自信些，主宰她的生活，不要为自己感到遗憾，也不要只为他和孩子活着。这些与她当年结婚时的理想有了冲突。丈夫对圆圆说："如果你想出去工作，为什么不去找呢？也可以再回到学校去进修啊。"随后，圆圆遵循自己的想法和丈夫的意见，重新开始经营起了自己喜欢的工作，在她逐渐摆脱对丈夫的依赖后，生活和家庭也变得更加和谐了。

虽然当今的女性较以前独立，但在婚姻中还是难免形成依赖丈夫的状况。这种现象的产生，一是由于女人在小时候的家庭中养成的这种依赖心理，恋爱、结婚后，对父母的依赖自然而然地转为对丈夫的依赖；另一种是由于女人在现代社会中依然处于比较柔弱的地位，所以在结婚后丈夫便成了靠山。即使她们在工作中争强好胜，但她们在生活中依然想找一个停泊的港湾，像圆圆就是如此。

从心理上说，要脱离心理上的安乐窝是艰难的。依赖这一毒素会以各种各样的方式侵入生活，让更多女人从依赖中得到满足，因此，依赖往往难以戒除。圆圆能摆脱这种依赖，则来源于对心理独立的不断认识：不再勉强自己去迁就各种情面或关系、做自己不愿做的事、跟着丈夫走亦步亦趋等，学会自己开始积极思考独立自主地决定自己的事情。

女人心理上的独立便是无须再依赖别人，但不再依赖他人，并不是不需要。依赖与需要是两回事。心理上的依赖，说明你有一种情绪：无论你做什么事，你都想看看他，你自己没胆量、没信心去做。如果他不在身边，你便会感到无助，茫然不知所措。而心理上的需要，是指你有一种交往上的需要。在生活中，你需要爱情的理解与关心等，这种需要能完善你的人格，让你的品质得到塑造，境界得到升华，如此，你的人生才能更加充实、丰富而有意义！

爱得再深，也别毫无保留地付出

水如果过于清澈，鱼就无法生存，婚姻也是如此。这个世界上绝没有十全十美的婚姻，如果说人的成长是在不断犯错的过程中实现的，那么婚姻的成长则体现在一次又一次的磨合之中。很多女人都觉得既然成为夫妻，男人和女人之间就应该好得如同一个人一样，彼此坦诚相见，毫无保留。殊不知，婚姻永远不会如同我们所期望的那样顺遂如意，哪怕作为夫妻，也应该彼此保留自己的私人空间，这样才能拥有产生美的距离，也才能够让我们在为对方无私付出的同时，依然还留有自己。

在婚姻生活中，很多女人都会犯同一个错误，那就是毫无保留地付出，恨不得献出自己的一切。殊不知，人际关系是非常复杂的，人的心理更是微妙而又难以捉摸。很多时候，人们对于轻易得来的东西总是不珍惜。而夫妻关系，同样是人际关系的一种，如果女人对于婚姻和男人的付出太过毫无保留，那么就无法得到男人的珍惜和重视，更无法得到男人更深切的爱。作为明智的女人，即使深爱一个男人，也应该在爱的过程中有所保留，这样才能以自尊自重，赢得男人的爱和尊重。

还有些女人不管有什么事情都会毫无保留地告诉男人，实际上这种做法很不负责任，尤其是在遭遇坎坷逆境时，如果女人一股脑地把自己的所有压力都转嫁到男人身上，那么男人未免会觉得压力山大，甚至会感到不堪重负。也许有些女性朋友会说：夫妻之间不就是要坦诚相见吗？刻意隐瞒的夫妻关系，有什么意思呢？的确，夫妻之间需要坦诚相见，真诚对待彼此，但是这并不意味着要毫无保留。很多时候，我们与他人分享快乐，一份快乐会变成双份的快乐。但是如果我们与他人分担痛苦，那么一份痛苦就会变成双份的痛苦。当然，这也并不是说夫妻之间遇到困境时要彼此隐瞒，而是说在没有必要的情况下或者在自己能够解决问题的情况下，作为女人，与其把一些痛苦和担忧都转嫁给男人，不如默默承受。

还有些女人本着坦诚的原则，把自己的过往全盘告诉丈夫。殊不知，爱情就像是人的眼睛，很多时候是容不得沙子的。谁能没有过去呢？如非必要，女人完全无需把自己的过往一股脑地和盘托出。毕竟，男人不是神仙，哪怕他们的胸襟再开阔，有些事情也会在他们的心底里留下无法愈合的伤害。人们常说善意的谎言。实际上，把不该说的话烂在肚子里，这不是善意的谎言，而是善意的隐瞒，目的是让夫妻关系更好地、更健康地发展。

女人在婚姻中保留自我，不但要保留自己的独特个性和经济能力，而且还要有属于自己的好朋友。毕竟婚姻和爱情不可能是我们生活的全部，很多时候我们需要从婚姻的围城里走出来，接触围城外面的广阔天地。而有自己的朋友圈，有自己的兴趣爱好，让我们哪怕在婚姻的围城中，也依然能够享受到自由自在的乐趣。

女人不要把爱情当成人生的全部

爱情是女人一生的事业，但绝不是唯一的事业。除了爱情，女人也需要有其他的人生目标。如果把女人比作一株玫瑰，那么爱情就是女人开出的一朵最美的花，但爱情这朵花并不是这株玫瑰树上开出的唯一一朵。有了爱情这朵花，女人可以更加美艳，更加具有女性特有的魅力与温柔，但爱情并不应是女人一生仅有的生存依托，除了爱情女人还应该有自己的事业。

现代社会中的女性在婚姻爱情方面的观点与做法发生了翻

天覆地的变化。古时的中国女性在丈夫外出做官或是上京应考一去数年不归之时，她们唯一能做的就是思念与等待，因为做好妻子就是她们一生中唯一的职业。今天的女性面对同样的问题解决起来就容易得多。在同样的环境中，女人和男人有着同样的机会，同样的自由。女人可以选择自己所喜欢的事去做，这对于女人来说实在是一个最好的时代。女人可以用工作成绩来向爱人展现你更多的才华、更丰富的智慧。

每个人都有实现自己社会价值的愿望，人们为社会作出贡献，所获得的不仅是那一份物质上的小小的回报，更多的是内心的充实与快乐。在成功做完一件工作之后，那种因内心满足而带来的欣然一笑，是任何人都非常渴望得到的。

不仅如此，实现社会价值对女性而言比男性还有更多的意义。首先，经济独立可以改变女性在经济上过度依赖男性的状况，从而提高女性在家庭中的地位。法国著名女权运动创始人之一波伏娃曾经在她的著作《第二性》中谈到这一问题，波伏娃认为现代女性如果想要改变受压迫、受歧视的状况，取得经济独立是必不可少的。当然，波伏娃的意思并不是鼓动女人将女权运动用到家庭中来，也不是鼓动女性处处与爱人针锋相对。获得了经济独立的女人仍然可以做爱人怀中的小鸟，只是这种温柔少了几分弱者的被动与无奈，多了几分独立后的平等和自主。事实上波伏娃本人就与爱侣萨特相伴终生，携手白头。

其次，经济独立的女性可以为自己保留一片除爱情以外的空间。为什么杨玉环在李隆基不告而别另觅梅妃之时，只能对月长叹，借酒消愁？为什么当李隆基离开梅妃再次回到她身边时，杨玉环不管自己心里有多少委屈仍然要笑脸相迎？因为丈夫是她生命的全部空间，她将全部的情感寄托在丈夫的身上。在这种爱情模式中，所谓女性的"爱"其实质只是被爱，而她一生所做的事就是死死抓住这份爱，像抓住人生的一根救命稻草一样。除去爱情，女人还应该有一片属于自我的空间。经济独立是女性为自己开垦的一片花园，这片花园不仅可以向男人展示女人的能力，更重要的是，当爱情走时女人仍可以在这里生存，花开不败，爱情将不再是女人唯一的事业。

将那满满爱他的心分出一点点，为自己种一片人生的园地吧，有时候女人也应该自私一点，不是吗？因为，除了爱情，女人还应该有自己的事业和生活方式。

第11章

多点宽容，爱才有更多呼吸的自由

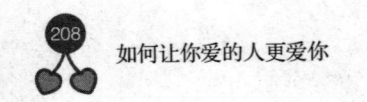

多点包容，没有任何婚姻天生就美好

在参加各种娱乐的时候，有一个游戏是特别有意思的。即让两个人并肩站在一起，而把其中一个人的右脚和另一个人的左脚从脚腕上面的位置捆绑在一起。这样一来，这两个人不得不各自用剩下的左脚和右脚，一起配合合二为一的这只共同的脚，走好一段特定的距离，从而顺利到达终点。当然，配合最默契、速度最快的二人组合，将会取得胜利。这个小游戏显而易见在培养人们彼此配合和协作。两个人，每人都有属于自己的一只脚，两人之间还有彼此共同拥有的一只脚，假如不能做到目标一致，行动一致，那么很有可能会摔倒。仔细想象，这是否就像婚姻呢？在婚姻生活中，男人和女人都是独立的个体，但是因为组建了家庭，他们在某些时刻和某些方面，不得不放弃自己的个性，而服从于整个家庭的共性。更多的时候，他们在家庭和自我之间争取平衡，一则要努力保全自己的个性，二则还要以家庭利益为重。如何协调好婚姻生活中个体与家庭的关系，如何让个体的利益与家庭利益保持一致，如何让每个个体之间和谐共处，这是经营好婚姻必须考虑到的。

毋庸置疑，婚姻不仅代表着每个个体都要融入共同的生活中，收敛个性，发扬共性，也意味着个体从生活习惯到精神世界的高度和谐统一。在这种情况下，生活的琐碎很容易使男人和女人之间产生矛盾，尤其是有了孩子之后，针对孩子的教育问题，男人和女人也容易一个往东，一个往西，使得家庭生活从内部南辕北辙。既然家庭里的每个成员都是家庭的一分子，都要服从于家庭利益，那么注定家庭成员之间必须更加懂得爱与宽容，这样才能理解和体谅他人，给予爱人和家人更多自由呼吸的空间。否则，如果家庭里每个成员之间都针锋相对，那么家庭生活就会变成一种折磨，使得家人相见如同仇人般水火不容。毋庸置疑，没有人期望这样的家庭生活。

爱情尽管最初是充满诗情画意的，也让女人带着无限的憧憬走入公主和王子的童话生活，但是随着爱情渐渐褪色，婚姻最终会脚踏实地。曾经的浪漫，会在岁月的磨砺下沉淀变成柴米油盐酱醋茶，而甜蜜的过往，也会让女人对于残酷的现实生出几分不满。实际上，婚姻恰如人生，也像是一场长途旅行。假如没有宽容和谅解，就很难一路上相安无事地走下去。

婚姻是需要经营的，没有任何婚姻天生就美好。正常的婚姻如同人生一般酸甜苦辣咸，五味俱全。有人说夫妻之间应该相敬如宾，举案齐眉，殊不知婚姻失去吵闹，就会如同一潭死水，渐渐使人生厌。相反，婚姻如果总是吵吵闹闹，那么再深沉美好的爱情也会在婚姻中死去，使得婚姻也被逼入死角，再无回旋的余地。总而言之，婚姻的度是需要我们根据自身的情况去酌情把握的，任何成功的婚姻经验都经不起被套用。就像这个世界上绝没有完全相同的两个人一样，这个世界上也绝没有两段完全相同的婚姻。所以婚姻没有捷径，哪怕幸福的婚姻大多相似，我们也要求同存异，找到最适合自己婚姻的相处之道。而不幸的婚姻却各有各的不幸，我们更应该找出婚姻不幸的根源，才能有的放矢，有效改善婚姻的状态。

在婚姻生活中，很多女人都容易犯小心眼的毛病，殊不知幸福的婚姻最大的相似之处就在于，它们都有一个宽容的女主人。所谓金无足赤，人无完人，曾经让我们神魂颠倒陷入热恋的那个人，一旦步入婚姻就多多少少会有一些改变。每当这时，女人不如扪心自问：我能始终保持在热恋状态吗？如果回答是否定的，那么我们应该知道，男人也同样不能。尤其是在费尽千辛万苦好不容易把心爱的女人追到手之后，疲惫紧张的他们最想做的事情就是好好放松一下，从而让自己更加从容地享受婚姻生活。因而女人们，面对这样一个熟悉且又陌生的男人，我们更要怀着一颗宽容之心。尤其是在对男人感到失望的时候，我们更要提醒自己好女人才是男人的好学校，我们如果足够好，男人早晚是会改变的。这样一来，我们当然能够做到更包容，更有担当，也能够理解男人的辛苦。

其实，夫妻之间的人际关系也和普通的人际关系一样遵循一定的规律和原则。遗憾的是，在和所爱的人在婚姻之中相处时，很多女人都变得更加苛刻。殊不知，爱需要的是包容和理解，以及信任，而不是质疑和苛责。婚姻同样像一面镜子，当我们笑着对待婚姻，婚姻也会以笑脸回馈我们。当我们苦恼着面对婚姻，婚姻又如何能够宽容友善地对待我们呢？心态决定命运这句话，用在婚姻之中的夫妻相处之道上，同样合适。女性朋友们，从现在开始不要再抱怨婚姻不够完美了。我们唯有宽容忍让，婚姻才会回报给我们"相濡以沫""白头偕老"的圆满人生。

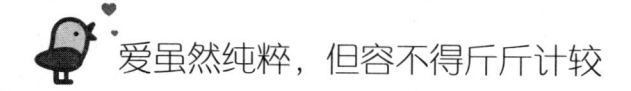

爱虽然纯粹，但容不得斤斤计较

真正的爱是无私的付出，而不是有谋划的投资。倘若爱带着奢求的意味，就会导致爱情渐渐变味。对于现代的很多年轻人而言，他们恰恰缺少在婚姻中无私付出的精神，每当自己为婚姻生活做出小小的牺牲，就会不停地挂在嘴边上，恨不得让爱人把自己当成恩人。难道你们愿意纯粹的爱人关系变成恩人的关系吗？这就是爱情的变味。爱就是爱，掺不得假，也容不得沙子。假如一个人不管做什么事情都首先考虑自己，而且也仅仅考虑自己，不得不说，他是不配拥有爱情的。

相爱的人一旦结为一体，就成为真正的一家人，夫妻之间荣辱与共，休戚相关。如果还彼此计较，则婚姻生活必然寡淡无味，也使人对此毫无留恋。爱人之间，不管做什么事情甚至要把自己放在后面，而要把爱人放在首位。所谓一荣俱荣，一损俱损，是对夫妻关系的最好诠释。也只有把家庭作为自己的第一位考虑，我们才能经营好婚姻，为家庭里的每一个成员创造美好幸福的生活。

现在的很多年轻夫妻，整日就盯着对方在婚姻生活中的付出。他们或者觉得对方做得太少，或者感慨自己做得太多。在这种情况下，还如何做到心甘情愿地付出呢？古人云，执子之手，与子偕老。要知道，夫妻一旦牵手，是要注定一生一世不离不弃的。倘若为了谁付出的多、谁付出的少而争执不休，则注定夫妻关系无法长久。一个只知道索取的人，永远也不可能经营好自己的婚姻。相反，倘若婚姻关系中，每一方都在努力付出，从不计较回报，就像众人拾柴火焰高一样，夫妻生活也必然越来越幸福和谐。

结婚之后，张明挣钱负责养家，妻子琳娜挣到的钱则一直放在自己的小金库里，独自零花，张明从不过问。原本，张明是做销售工作的，市场好的时候每个月都收入很高，因而他独自承担车贷、房贷，还要养育孩子，孝敬双方老人，倒也毫无怨言。后来，市场受到政策影响越来越不景气，张明感到压力倍增。

有一个月，张明因为身体不适，请假半个多月，导致没有业绩，因而只拿到了几千块钱绩效工资，为此他和琳娜商议：

"亲爱的，我这个月经济紧张，可否由你暂为代缴月供。等到下个月业绩好了，就不用动用你的钱了。"不想，琳娜一口回绝："不行，我的钱还不够养活我自己的呢！你一个大男人，当然要负责养家，养活妻儿老小，这是你的责任。你必须自己想办法。"原本对于家庭付出无怨无悔的张明，听到妻子的话不由得感到心寒，原来妻子心里一直都斤斤计较，从未把他当成是荣辱与共的家人。

在这个事例中，张明显然做得非常好，他知道妻子薪水不高，因而独自承担家庭的所有开销。然而，一旦他入不敷出的时候，妻子却像陌路人那样，丝毫不愿意伸出援手。在这样的情况下，也难怪张明会觉得心寒，毕竟夫妻之间的关系不同于普通关系，倘若不能荣辱与共，又怎能白头到老呢！

家庭是一个密不可分的整体，每个人作为家庭的成员之一，都对于家庭负有不可推卸的责任。所谓皮之不存毛将焉附，对于家庭的兴衰，每个人也都应该非常关注，绝不要因为计较个人付出的多少，而影响家庭生活的稳定。不幸的家庭各有各的不幸，幸福的家庭一定拥有无私付出的成员。

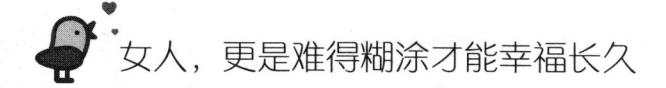

女人，更是难得糊涂才能幸福长久

人是地球的主宰，是万物的灵长，是不折不扣的精灵。

世界上的人分为很多种，按照性别划分，有男人女人；按照身体健康来划分，有健康的人和病人；按照年龄划分，有儿童、年轻人和老人……总而言之，人与人之间有很大的不同，这些不同或者是本质的不同，或者是细微的区别。当然，按照智力划分，还可以分为聪明人和傻人。女人也是如此，女人之中有特别聪明的，有特别愚钝的，有精明的，有傻乎乎的，有宽容大度的，也有斤斤计较的。因为智力的不同，所以女人的幸福也各不相同。有的女人精明强干，能力超群，所以在职场上做得风生水起，成为职场上不折不扣的白骨精。有的女人呢，没有那么强的事业心，因而最喜欢在家里相夫教子，也是很幸福的。但是女人不管是在生活中还是在职场上，都要做到难得糊涂，才能更加幸福。

很多女人抱怨自己的不幸运，觉得自己被命运捉弄，所以才会生活得如此狼狈。其实，这些女人并没有如愿以偿得到自己想要的幸福，是因为她们过于精明。职场上的"白骨精"对于工作精明无可厚非，但是在生活中如果也过于精明，就会导致自己活得很累。就像很多人说只有懂得遗忘的女人才能获得更多幸福一样，也只有难得糊涂的女人，才能获得更多的幸福，不至于自寻烦恼，给自己带来更多的磨难。

有的时候，别说是难得糊涂了，女人还应该学会装傻，就是心里虽然清楚，但是却装作什么也不知道、什么也不懂的样子，最终放了别人，也放了自己。其实对于女人而言，面对生活的琐碎，的确不管她们是真的很傻，还是假的很傻，都已经进入了至高无上的境界。对于女人而言，精明也许很容易学会，但是傻却不是那么容易学的。和聪明女人相比，傻女人让人觉得更加放松，也更轻松，因为很多男人都喜欢傻女人。古人云，人至察则无朋，水至清则无鱼。这句话就是告诉我们，人不能过于精明，洞察一切，否则就会失去朋友。水如果太清澈了，没有任何杂质和微生物，那么鱼就无法在这样的水里存活，导致失去生命。

没有人是透明的，也没有人是完全明白的，我们既看不清他人，也无法洞察自己，所以我们理应更加宽容，这样我们才能保留自己的空间，也才能做到宽容待人。作为女人，尤其是和男人相处的时候，更要学会装傻，从而让男人有自己的空间，保留自己的小毛病。对于男人看破而不点破或者说破，这才是聪明女人的做法。

从结婚之前开始，毛毛就和未来的婆婆之间因为一些微不足道的小事情闹得不可开交，是老公雷刚顶着巨大的压力，宁愿和父母分开居住，也要和毛毛结婚。不过毛毛也和雷刚约法三章，即结婚以后她不会和雷刚一起回家探望公婆，而且雷刚也不能因为经常回家探望父母，而冷落或者忽略自己。

那毕竟是亲生父母啊，雷刚就算一时冲动疏离父母，也不能只为了自己所谓的爱情彻底离开父母。为此，结婚一段时间之后，雷刚和父母的关系缓和了，因而雷刚总是隔三差五找时间回去看望父母。为了避免毛毛对自己有意见，雷刚还特意利用工作之余的休息时间去看望父母，而很少占用周末的休息时间。有一天晚上，雷刚告诉毛毛他在单位加班，毛毛当然知道雷刚也许因为临时有事情，需要去父母那里，但是她装作毫不知情，而是叮嘱雷刚要吃点儿东西，不要因为加班时间太长饿着。后来，雷刚深夜十一点才回家，毛毛没有任何质疑，甚至没有询问雷刚为何加班，而是体贴地为雷刚弄好热水洗澡。就这样，雷刚背着毛毛经常去探望父母，只等着毛毛和父母关系缓和，一家人可以其乐融融。毛毛也非常配合雷刚，不管雷刚以任何理由去探望父母，她都故意装傻，从来不说破雷刚的谎言。

　　雷刚非常聪明，他不愿意放弃自己深爱的毛毛，但是也不能为此就疏远父母，因而他选择了一个两全其美的办法，平衡父母和毛毛之间的关系。这样一来，他既能够照顾父母，也能够兼顾毛毛。时间是抚平创伤的良药，相信随着时间的流逝，雷刚一定能够缓和父母和毛毛之间的关系，从而让全家团圆。

　　男人是很爱面子的，聪明的女人如果想要和男人相处默契，不管什么时候都要学会装傻。只有学会装傻，女人才能保全男人的颜面，爱护男人的自尊，哪怕练就像孙悟空一样的火眼金睛，能够识破一切妖魔鬼怪，女人也要学会忽视那些不值一提、鸡毛蒜皮的生活小事，给予男人更多的自由和空间。

女人多点担待，婚姻才会自由轻松

当花前月下的恋爱让位给柴米油盐的婚姻；当浪漫火热的情话让位给一日三餐的生活；当相思成灾的甜蜜让位给每日相守的平淡时，我们需要担待，才能为爱保鲜。女人的婚姻本就是一次漫长的旅途，如果没有了这样一种宽容、包容、谅解的担待，这旅程便不再鸟语花香、充满朝气。

有甜有苦、有笑有泪便是婚姻的滋味。如果日子过于平静，婚姻则潜藏着危机；如果日子过于吵闹，婚姻则会走向死角。女人如何经营一份平和的婚姻生活，那要看两个人的性格兴趣、磨合理解，尤其是担当的程度。如果能求同存异，相互谦让，那必是一种甜美的幸福婚姻，能让人心情轻松，努力创业，享受快乐；反之，那则是一种婚姻的苦果，会令女人痛苦不已，会成为心理负担，萎靡不振。

在婚姻中，女人学会多些担待、多点付出、多点温柔、多点体贴、多些浪漫，这就如同在婚姻的围墙边种上五彩缤纷的花朵，让人的心情分外迷人。婚姻中要担待地方非常多，我们要担待对方因见解不同时的出言不逊；我们要担待对方在职场竞争中失败后的心烦气躁、甚至一时的灰心丧气；我们要担待柴米油盐、一日三餐中的琐碎、重复、乏味……最难担待的或许还有这样或那样的原因而造成的情感危机，虽然有这样或那样的危机、困难，但若我们都有一颗包容担当的心，相信危机

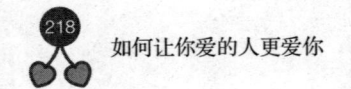

终会过去，日子依旧精彩！

敏和华是一对夫妻，平时都忙于工作和家务，爱在他们之间变得很平庸。华想，婚前的敏是那么爱他，于是，为了唤起老婆对他的爱，重新点燃她的激情，他想再次浪漫一下，他约老婆到一个餐馆吃饭。快下班时单位开了一个会，等他冒着滂沱大雨赶到时，已经迟到了半个小时，敏很不高兴地说："你怎么这么晚来呀，我都没有心情和你吃饭了，以后不要再这样迟到了。"华的心瞬间一动，随之崩溃冷却。

洁和君同样是一对夫妻，君也为了制造两人相处的机会而约老婆洁吃饭，因公事繁忙，君也迟到了，但当君冒雨赶到时，老婆洁说："你忙坏了吧？"边说边为他拭去脸上的雨水。君的心也是瞬间一动，满是温馨甜蜜。

我们常说，婚姻是一个空盒子，你必须往里面放东西，才能取回你所要的东西；你放得越多，得到的也越多。洁和君的婚姻就是如此，放入担当，婚姻自然甜蜜，感情自然温馨。女人在婚姻中不要企图保持炽热激情，让爱情自然地发展，要知道，激情和热爱会随时间而消失。彼此的宽容、忍让、担当、不计较才是共同快乐生活的诀窍之一。

莉莉和丈夫结婚十年了，莉莉常对丈夫说："亲爱的老公，我希望你改变自己做的、说的某些事，即使你不改，我还是一样爱你，因为我爱的是你这个人，而不是你做的事。即使有时候我真的不喜欢你做的事，但我还是一样爱你。"丈夫听后也会感动地说:"我很高兴你喜欢我这个人,否则我们的婚姻就毫无意义了。亲爱的,我不喜欢觉得自己好像为了你而活,我只想做我自己。如果你喜欢我这个人,我就可以也愿意改变我自己,使我们之间变得更美好。"

确实,只有无条件的爱才是真爱,只有担当才能让彼此在婚姻中仍保持本真。女人在婚姻中不要为了公平而争吵,也不要为试图改变对方而争吵,如果你要争吵的话,那你和丈夫之间必须为争吵进行相等的准备,要知道,吵架只有一方会赢。遇事学会扪心自问:这件事情真的值得我争吵吗?得出的结论和被伤害的感情孰重孰轻?若能将结果考虑到百分之九十的话,争吵则可以避免。如果不可避免,则要尽量多担当一些,或者尽量缩短争吵时间,争吵的内容也要中肯,就事论事,千万不要涉及其他事情,翻从前的旧账。

彼此的宽容和忍让是婚姻中必需的饮品,如果太多地计较得失,则等于亲手扼杀自己的幸福。世界上的每一段感情、每一个家庭、每一份幸福都是值得珍惜的,"相濡以沫""白头到老"的婚姻更是离不开担当的锻造!

适时让步,婚姻中不必剑拔弩张

尽管现代社会中有很多夫妻把婚姻生活变成了战场,每个人都守着自己的利益寸步不让，导致原本应该甜蜜幸福的夫妻关系也变得剑拔弩张，似乎战争一触即发，但是这并不能改变夫妻相处的基本原则和首要技巧，那就是适时让步。不可否认，尽管现代社会的离婚率节节攀升，这个世界上依然有很多模范夫妻，他们相敬如宾，举案齐眉，偶尔也歇斯底里，大吵一通，发泄对对方的不满，但是这并不影响他们的感情。究其原因，就是因为他们深谙夫妻相处之道，也懂得适时让步的道理。

夫妻之间是不会有深仇大恨的，通常导致夫妻关系恶化的，都是那些日常生活中的琐碎小事。诸如现在的很多90后夫妻，自己原本就是还未成熟的孩子，也根本无法挑起婚姻生活的重担，他们彼此之间争吵很多时候都是为了谁做家务。这听起来未免有些好笑，但是现状的确如此。也许有些深谙夫妻之道的人会说，做家务谁做还不一样呢，谁有时间谁做呗，总不能把家务留着给那个深夜才回家的人吧。不得不说，这样的老夫妻是已经渐入佳境的，对于很多刚刚步入婚姻生活的小夫妻而言，家务活的分配是一个无法回避的严肃问题，甚至还有些小夫妻为此吵架无数，也制定了家庭方针，却依然整日为此喋喋不休。倘若连最基本的家务活都无法协调，那么夫妻生活的前景也的确堪忧。其实，夫妻之间携手一生，何止仅仅需要面对家务活呢！很多时候，生命中的灾难和打击会突如其来，让人措手不及，如果没有深厚的感情基础和超强的抗压能力，只怕夫妻真的会如俗语所说的那样，夫妻本是同林鸟，大难来临各自飞。

纵观无数前辈的幸福婚姻，很难看到从未吵架的夫妻，大多数夫妻都是吵吵闹闹。正如俗话说的，不打不闹不到头。很多时候，适当的争吵反而是夫妻间感情的发泄，吵架之后夫妻感情非但不会减弱，反而有所加深。但是实现这一点的前提是，夫妻都深谙相处之道，都能在适当的时候做出让步，给对方留面子，让对方感受到自己的尊重和爱。任何感情都是相互的，你付出了什么也必然收获什么，牢记这一点，我们的适时让步也就水到渠成。

林倩一直计划着去娘家过春节。的确，自从结婚之后，林倩已经有三年都是在婆婆家里过春节，都没有好好陪伴自己的父母了。林倩是独生女，父母只有她这一个女儿，因而当听到林倩说要回家过春节时，父母简直乐得合不拢嘴。然而，眼看着还有半个月就要过春节了，林倩的老公边城突然说："老婆，今年是我爷爷的八十大寿，他也想重孙子了，咱们还是回我家过春节吧。"林倩马上变了脸色，说："结婚三年来都是在你家过春节，今年我已经和爸妈说好了，如果突然改变计划，岂不是让他们整个春节都郁郁寡欢。"看到林倩严肃冷峻的表情，边城也意识到的确有些问题，因而他马上说："也是，对不起，老婆，我考虑得不够周到。要不这样行不行，爷爷的大寿是腊月二十六。我可以休年假，咱们腊月二十二

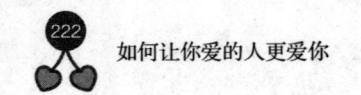

动身去我家,然后等到腊月二十六爷爷过完大寿,咱们马上从东北搭乘飞机回四川,好好陪你爸妈过个春节,如何?"尽管觉得这样有些太过折腾,但是看到边城这个大男子主义者已然做出让步,因此林倩马上答应,还笑着:"嗯嗯,就是辛苦老公了,到时候让你的老丈人丈母娘好好给你做些好吃的,补一补哈!"

就这样,横亘在很多两家相距遥远的夫妻之间的过春节问题,在边城的适当让步中得到了圆满解决。记得曾经在某社区论坛看到,很多家分两地的夫妻,每到春节就会争执不休,每个人都想回自己家过年,最终闹得整个春节都不愉快。其实,家家的老人都盼望儿女能够在春节时回到身边团圆,我们既要考虑到自己父母的需要,也要考虑到对方父母的需要,只有双方父母都兼顾到,才能圆满解决问题,也不至于影响夫妻感情。

当遇到的很多问题看似不可调和时,作为高情商者,一定会首先做出让步,从而换取对方的让步。如此一来,双方都是心甘情愿的,可谓皆大欢喜。

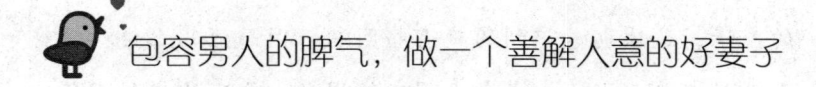

包容男人的脾气,做一个善解人意的好妻子

有这样一句话:"世界上没有一百分的一个人,只有

五十分的两个人。"婚姻是夫妻的结合体,两个五十分的人凑到了一起,才能算是一百分。所以,无论你觉得自己有多完美,在对方面前,你只有五十分,同时,对方也只有五十分,在这样的情况下,更需要包容对方。婚姻是两个性格迥异的人住在一起,即便是牙齿和舌头经常在一起,有时候牙齿也免不了会咬到舌头,更何况是两个人,时间长了,夫妻之间也免不了磕磕碰碰的事情。当然,造成矛盾和冲突的源头在于彼此之间的脾气,并不是说谁的脾气不好,而是每个人都有自己的脾气,相爱虽然简单,但相处太难。如果你想维持一桩美满的婚姻,想做一个善解人意的好妻子,那就要学会包容男人的脾气。

有一个年轻女子,她非常幸运地得到了一颗硕大而美丽的珍珠,然而她并不满足,因为在那颗珍珠上面有一个小小的斑点,她考虑,若是将这个小小的斑点剔除,那它肯定会成为世界上最珍贵的宝物。于是,她就狠下心削去了珍珠的表层,可是斑点还在;她继续削去了一层又一层,直到最后那个斑点没有了,而珍珠也不复存在了。这时,她心痛不已,一病不起,临终前,她对家人说:"若当时我不去就计较那一个小斑点,现在我手里还会握着一颗美丽的珍珠。"

张姐是一个脾气温和的女人,她几乎从来不生气,对于老公的脾气,她均是一一包容。当初,第一次带男朋友回家,母亲说:"一看他的样子,就知道他脾气不怎么好,找老公就需要找一个脾气好的人。"张姐笑着说："虽然他脾气是差了点，但其他方面都很不错，工作很认真，对我也很好，我脾气好，完全可以包容他的脾气。"母亲叹了口气："丫头啊，就是心眼实在，人家都是男人包容女人的脾气，你却是包容他的脾气。"张姐撒娇说："哪里，咱们是互相包容。"

婚后，张姐从未与老公吵过架，每每老公的脾气爆发，张姐就选择沉默，或者打趣几句，不与之发生正面冲突。老公是典型的山东人，暴脾气，脾气一来了就摔东西，家里的碗筷不知道被他摔坏了多少。但张姐并不正面抱怨，而是开玩笑地建议："麻烦你，下次可不可以选择一些摔不坏的东西？"这时气已经消了的老公便会摸着自己的头，不好意思地笑了。

有好几次，老公摔东西被姐姐看见了，便拉着张姐说："你怎么能够容忍这样一个暴脾气的男人？我若是你，早休了他。"张姐笑了笑："他也就这样一点脾气，包容一下就好了，他现在脾气都改了很多，比当初的他进步了不少，我已经知足了，摔摔东西也没什么，只要他能消气，否则，怨气积压在心里，对身体还不好呢。"姐姐没再说什么，因为她已经感觉到张姐已经领悟到婚姻的真谛了。

夫妻之间，最和谐的相处模式就是互相包容。有时候，我们总是称"个性不合"，难道这就是分道扬镳的理由吗？如果说真的是脾气不合，那也应该是彼此不够包容。耍脾气并不是女性特有的专利，女人有脾气，男人更有脾气，女人在希望男人能包容自己小脾气的同时，也需要理解男人，包容男人的坏脾气。

1.包容本身是一种理解

对男人脾气的包容，不是忍受，不是憋屈，而是一种理解，一种原谅后的宽容。在家庭中，两个人相处，因为个性而造成的冲突是难以避免的。不过，我们更应该明白，没有哪种脾气是完美的，只有环境的不同使人们展现出这种脾气好的或坏的一面，在你享受对方这种脾气带来的益处时，也需要承受这种脾气带来的伤害。

2.你的包容对男人而言很重要

有时候，男人就像一个小孩子一样，他们希望得到女性的包容，他们偶尔也会发发小脾气，这时作为在他身边最亲近的人，需要学会包容，以自己母性般的胸怀包容他的脾气，这对于男人而言是很重要的。

跟珍珠一样，在这个世界上不存在绝对完美的东西，夫妻之间更需要包容，包容对方的脾气，更多地看到对方的好处，不能斤斤计较，更不能肆意讽刺男人的缺点。真正的幸福，不是让我们冒着背负终生之憾的危险，可以去剔除对方身上那一点点微不足道的瑕疵，而是需要我们把握好手里的那一颗实实在在的珍珠。

保持距离，感情里需要营造新鲜感

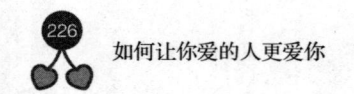

感情也有三八线，爱情也是需要距离的，恋人之间不能永远亲密无间，偶尔营造出的距离感反而会令爱情更加美丽、稳固。远在刀耕火种的时候，人们这样理解爱情笃深："打碎一个你，打碎一个我，再重捏在一起，从此后，你中有了我，我中有了你。"这是一种典型的"藤缠树，树恋藤"的爱情，虽然令人称赞，却常常让伴侣之间感到牵绊过紧、身心疲惫，时间长了，更是厌倦这样的生活，渴望走出围城。其实，恋人之间的距离应该有两种：心与心，以及身与身。对于相爱的双方而言，在一起的根本目的绝不是为了印证距离，而是为了满足情感的契合与归属。不过，这样亲密无间的关系只能是阶段性的距离，无法持久。因此，聪明的女人，要善于留出彼此之间的距离，每天相见不如时时怀念。

近些年来，不少夫妻因为距离太近的"审美疲劳"而提出了"周末同居""候鸟夫妻"的主张，意思就是鼓励有间的亲密、适当的不即不离，既留给一个空间给自己，也留一个空间让他飞；既令自己感到轻松、自在，也令思念、牵挂的暖流在彼此的胸中荡漾。这样一来，或许由于距离的调整方式，反而会给爱情保了鲜。

美亚又和老公闹别扭了，住在同一个房间，两人却互不理睬，这种憋屈的生活真的让美亚很伤脑筋，难道真如人们所说，婚姻走到了七年之痒吗？

坐在小区绿色的草坪上，不仅让她想起来以前过"周末夫妻"的时候，那时候的日子多叫人怀念啊。那时候，美亚和老公都很穷，两人又不在一个城市上班，只好借着周末休息的时间见面。那时候，每到星期五，美亚就没什么心思上班了，她的心思全在见老公的事情上，她总在盘算着周末两人去玩些什么，做什么饭菜，自己穿什么样的衣服。她几乎等不及下班的时间了，眼中那耀眼的神采，好像是陷入恋爱的女人一般。等到下班后，她就迫不及待地冲向车站，虽然只有两个小时的路程，但她总觉得很远很远，不停地看时间，不停地想象老公是瘦了，还是胖了。到了车站，一眼就看见了老公，先是来个大大的拥抱，快要令人窒息的拥抱，然后是互相讲述单位里好玩的事情。到了离别的时候，往往是万般不舍，美亚还会偷偷地掉眼泪。

想起这些，美亚心理就涌现出一种甜蜜。但现在有了房子，天天腻在一起，没有了新鲜感，那些鸡毛蒜皮的事情也开始涌上来了。原来，自己所怀念的是过去有期待的生活，而爱情之间恰到好处的距离会增加彼此的魅力指数，生活也会有滋有味。

婚姻让两个相爱的人亲密相处，同吃同住，同入同出，而默契则是一个眼神、一个手势，都会令对方会意，并产生共鸣。但是，夫妻在一起相处太久，除了会有默契，还会有审美

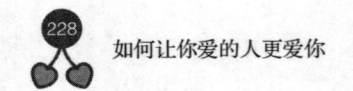

疲劳。因此，夫妻之间既要亲密，但同时也需要保持距离。

1.距离产生美

距离作为一种客观存在，有它存在的价值。比如夫妻整天生活在一起，难免会因为对方的缺点而发生争吵。妻子一气之下回到了娘家，三五天气消之后，内心添了几分牵挂和珍惜。而这时独自在家的丈夫也会发现妻子的重要性，又添了对妻子的理解和思念，最后，夫妻重归于好，感情也得到了升华。

2.距离也是有限度的

在审美疲劳的轰炸下，有人甚至提出"心不出轨，身体自由"的理论，这依旧是审美疲劳而引发的身体的偶尔放纵。只是，身和心的距离对于每个人而言，感触不一样，有些人可以区分开；而有的人却无法忍受身体与心灵的剥离。但是，并不是所有的人在事后都能做到真正的洒脱，而且感情与婚姻坚守的底线需要有一个限度，超过了就会导致感情破裂。

有人说："爱一个人不要爱到十分，八分就足够了，剩下的两分，用来爱自己。"在爱情里，两个人应该保持多大的距离呢？爱情就好像刺猬，需要彼此保持一定的距离，否则就容易被对方身上的刺扎上，当爱情保持它应有的距离的时候，爱情才会变得长久美满。当然，这个距离是无法计算出来的，或许每个人都有不同的尺度，我们所需要做的就是尽量给对方留出自由呼吸的空间，以及恰当的距离。

参考文献

[1]毕淑敏.毕淑敏女性三书[M].北京：中国轻工业出版社，2016.

[2]温柔九刀.提升女人幸福力的10堂课[M].北京：中国妇女出版社，2012.

[3]王阔.做一个优雅智慧的完美女人[M].北京：中国文史出版社，2015.

[4]张若兰.女孩情绪密码[M].北京：中国纺织出版社，2015.